【学童保育研究 19 号・もくじ】

JN136208

学童保育の時間

人として成長できたこと――

西浦　陽太

熊取西学童保育所しぜんむらクラブに小学校と同時に入所しました。小学生になると同時に親がシングルファザーとなり学童に入所、家庭内での色んな事や小学生になり新しい環境の中で過ごしました。

学童ではコマ回し、けん玉、Ｓケン。外ではサッカー、野球、缶けり色んなことをしました。僕はコマ回しがとても好きで学童でも家でも練習をしました。３年生の時にコマ仙人になり妹たちへの自慢でした。今でも、会社のプロフィールに「コマ回し、けん玉」と書いています。学童では学年を飛び越えてみんなで遊んだのを覚えています。学童の同級生とは今でも遊んだり昔の話をしたりなど小学生のころからずっと繋がっています。

僕が学童に入所して良かったのは今につながる友だちが出来たことはもちろんですが、一番は人として成長できたことです。小学校入学時に母親がいなくなり、自分でも抑えられないモヤモヤにイラつき、ちょっとしたことですぐカッとなり、人に手をあげていた、そんなことでしか表現できない子でした。でも、指導員や同級生はそんな僕を理解してくれ、学童は色んな感情を家より出せる場所となり、思いを言葉でしっかり言えるようになりました。

気持ちを共有できる仲間たちや、親のように真剣に立ち向かってくれる指導員にはとても感謝をしています。僕は泣き虫で自己表現が上手くできない子だったのが学童に６年間通い色んな意味で強くなれたと感じます。

学童では食事作りがあり、僕は火を起こす「かまど係」が好きで火傷しながらも火の起こし方、火の調節を教えてもらい雨の中でも火を起こすこともできるようになりました。包丁も小学1年の時から使っていました。7歳の子が包丁を使うのはとても怖いこと、でも指導員はひやひやしながら関わり続けてくれました。

学童の指導員は、いっせん（石川指導員のこと）と若い指導員で小学生の頃はいっせんは鬼ババア的な存在だったけど、若い指導員は一緒にふざけて遊んでくれる存在でした。でも、いっせん以外の指導員は短期間で辞めて行くことが多く僕達はその都度、ショックを受けました。

僕の中で学童は第2の家です。この原稿の執筆のおかげで指導員や同級生と一緒にご飯を食べながら昔のことを語り合いたくなってきました。

放課後の主人公たち——石川　千枝

1年生17人が学童に入所、圧倒的に男の子が多く（男子14人）、その元気な1年生たちの中に陽太はいました。

ある時、いつも一緒に遊んでいる同級生から「叩かれたりするのがいややねん」と泣きながら言われ、自分がそんな風に思われていることにびっくりした陽太

現在20歳の陽太くん

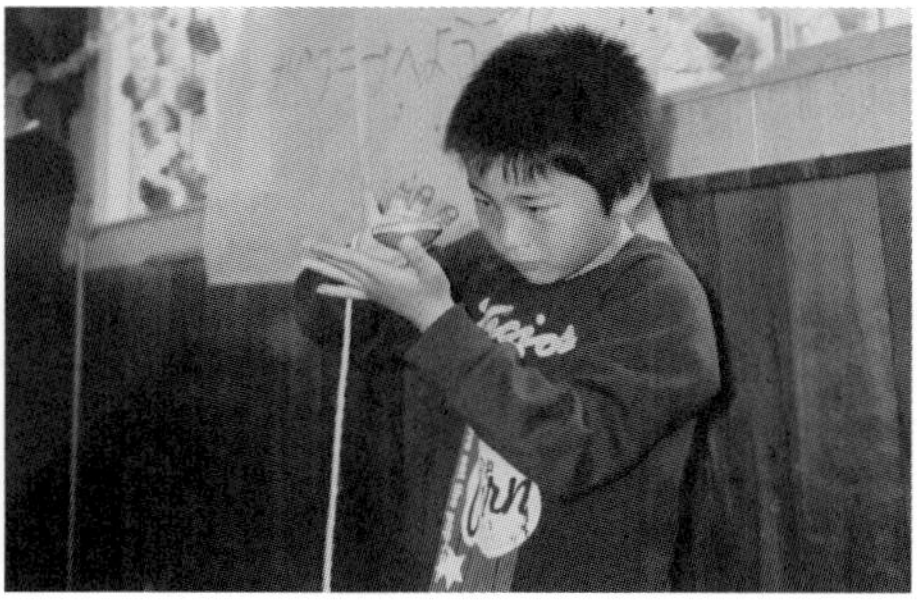

2年生の時、学童で

は、「知らんかった。これから言うてな」。それは「わかってほしかってん」「言ってほしかった」とお互いに気持ちを出しあった瞬間でした。

学年が上がるにつれて色んな学年の子を巻き込みながら頼ったり頼られたりしながら、陽太はいつも徒党を組んであそんでいました。学童という空間の中で、仲間たちと一緒に夢中になってあそび、あそんではけんかして言えたり言えなかったり、やりすぎて怒られたり、励ましあったり、笑いあったりしながら支えあってきました。

高学年になった陽太は、周りで起こるいろんな出来事に戸惑っているようでした。毎日学童にきて、イライラしていたり、急に泣き出したり、言葉にならない自分の気持ちを表現しまくっていました。それは陽太だけではなく、他の子も同様で思春期の入り口に差し掛かった彼らはいろんな自分を表現していました。

学童にはいつも側に誰か（仲間たち）がいて、いつも生活が、あそびがあります。その中で自分の弱さやつらさ、喜びも「ほんまに思ってること言ったらええねん」「不安やねん」「わかってるで」と今の自分を出しあい共に感じあってきました。そして6年間を通して学童で放課後を共にすごす中で、どんな時も気持ちも含めて側にいて、一緒にあそび関わり、自分と相手のちがいに気づき、その存在でお互いを支えあい認めあってきました。6年生の陽太の卒所論文の中には「高学年になったら学童が家みたいでした。学童に来るというより帰ってきてました」（抜粋）と綴られています。

こどもたちが、どんなときも安心して帰ってきて、どんな自分でも安心してだせる、そしてみんなの中でみんなと一緒に一人ひとりが大切にされる学童を創っていきたいです。

［熊取西学童保育所しぜんむらクラブ指導員］

特集　子どもの権利から考える学童保育における「生活づくり」に寄せて

２０１６年６月、児童福祉法の理念が70年ぶりに改正され、その第１条において「全て児童は、児童の権利に関する条約の精神にのっとり、適切に養育されること」が子どもの権利であることが明確に示されました。

一方、子どもたちの生活に目を向けると、子どもの貧困や虐待といった命と育ちに関わる危機的状況や、学校教育の過重化や教育産業等のますますの拡大によって、〝放課後の喪失〟ともいうべき状況が子どもたちを取り巻いています。

児童福祉法に基づいた「遊び等の活動拠点」「生活の場」としての学童保育（※１）では、児童福祉法や子どもの権利に関する条約の理念に根ざした子どもの諸権利を具体的に保障する場であることを意識した運営や実践が求められ、その担い手としての学童保育指導員の役割はますます重要となっていると考えられます。

今回の特集では、学童保育での生活について、「子どもの最善の利益を考慮して、子どものために行われるべきものである（『放課後児童クラブ運営指針解説書』）」という観点から、学童保育指導員のみの考えで作り、推し進めるのではなく、「子どもが意見を述べ、参加することを保障（同）」という子どもの自発性、主体性、自律性等を基盤としつつ、子どもと共につくっていくものとして位置づけた上で、その「生活づくり」における学童保育指導員の専門性について理論・実践の両面から考察することを目的としています。

このことは、子どもの権利条約（※２）に謳われた「身体的、心理的、精神的、道徳的および社会的発達のために十分な生活水準に対するすべての子どもの権利（第27条：生活水準への権利）」や「休息しかつ余暇をもつ権利、その年齢にふさわしい遊びおよびレクリエーション的活動を行う権利、ならびに文化的生活および芸術に自由に参加する権利（第31条：休息・余暇、遊び、文化的・芸術的生活への参加）」の具現化に際して、「その子どもに影響を与えるすべての事柄について自由に自己の見解を表明する権利（第12条：意見表明権）」といった「子どもの権利保障・権利擁護」と「子どもに法的な責任を負う他の者(other persons legally responsible for children)」による「子どもの能力の発達と一致する方法で適当な指示および指導を行う責任、権利および義務を尊重する（第5条：親の指導の尊重）」という「**大人の責任、権利、義務**」とを統一させた学童保育の実践や運営のありようについて多くを示唆するものとなるとでしょう。

本特集では、子どもの権利に関する理論的な考察と、実践とその分析によって構成されています。学童保育における「生活づくり」が子どもの自発性と大人（指導員）の指導性の統一によって展開されることと、「学童保育研究」も理論と実践とが相互に架橋され、統合的に深められていくことには相似性があるといっては言い過ぎかもしれませんが、そこにかかわる様々な主体者によって形づくられていくことによって「生活」も「研究」もその質を向上、発展させていくことでしょう。

本特集の内容に目を向けると、増山均氏による「学童保育における子どもの「生活づくり」とは何か─子どもの権利条約の視点から考える」をはじめとして、〝子どもの権利〟〝学童保育における「生活づくり」〟〝学童保育指導員の専門性〟等に係る諸理論、実践報告（※3）とその分析が寄せられています。

学童保育の子どもたちがその生活や遊びの中で、「正解が一つではない問い」に対峙し、頭を寄せて喧々諤々のやりとりを行う中で様々な力をはぐくむように、私たちもまたこの機会を通して「子どもの権利から考える学童保育における『生活づくり』」についてあらためて考え、そして行動していくことを目指したいと考えています。

願わくは、今回の特集が子どもの最善の利益を第一義的に尊重する場としての学童保育とその実践にとって、意味のあるものにならんことを。そして学童保育における子どもたちの生活が真に「子どもの権利」を具現化したものとなるための一助となることを期待しています。


（※1）本文では、主として児童福祉法等で規定された「放課後児童健全育成事業(放課後児童クラブ)」を「学童保育」、また学童保育の現場で働く職員について「学童保育（の）指導員／指導員」の呼称を用いています。

（※2）「子どもの権利に関する条約」(国際教育法研究会訳)を用いています。

（※3）記録に登場する子どもの名前はすべて仮名です。


（代田盛一郎・本誌編集長）

学童保育における子どもの「生活づくり」とは何か

——子どもの権利条約の視点から考える——

増山　均●早稲田大学名誉教授

1、日本の子どもたちの生活と発達の今——進む〈子ども期の貧困〉

学校の保健室で長年仕事をしてきた養護教諭が、学童保育の指導員たちから「子どもの暴言や暴力に困っている」という話を聞いてまとめた小冊子がある。著者の新井育恵さんは、その著『学童保育室で暴れる子どもたち』（本の泉社、２０１６年）のなかで、「学校でも親の前でも良い子」が学童保育室で暴れている実態を取り上げ、子どもの側にたってその原因を考察している。その原因として、子どもたちの学校での生活が極めてストレスフルになっていること、子どもたちの心が満たされるまで受け止めてもらえずに育っていることにあるのではないか、という仮説を立てている。

いま子どもの発達を考える場合、学童保育での生活にとどまらず、家庭・学校・地域全体を視野に入れ、現代日本社会の子どもたちがおかれた生活実態をトータルにとらえることが不可欠である。子どもの生活をトータルにとらえるといっても、それは簡単なことではないが、現代の子どもの生活と発達の諸問題をトータルにとらえる上で、手掛かりとすべき重要な資料が２つある。１つは、

「日本子どもを守る会」が1964年から毎年発行し続けている『子ども白書』であり、もう1つは「子どもの権利条約市民・NGOの会」が5年に一度国連子どもの権利委員会に提出している市民・NGO報告書である。

前者は、児童憲章の完全実現を目指して、子どもにかかわるさまざまな専門家および専門団体・組織・運動体の協力により、子どもの命と健康、医療、家庭、福祉、司法、学校、地域、文化、メディア、環境などの諸領域における日本の子ども生活実態をトータルにとらえ、子どもの権利の視点から生活と発達の問題を明らかにしたものである。後者は、子どもの権利条約の実現の視点から、前者と同様に現代日本の子どもの生活・環境の実態について、日本社会のあり方とのかかわりで問題点と課題が総合的・構造的に分析されている。後者の最新の国連への報告書『日本における子ども期の貧困化―新自由主義と新国家主義のもとで』(子どもの権利条約市民・NGO報告書をつくる会、英語版2017年11月、日本語版2018年3月発行)では、日本の子どもの生活環境問題の中心的課題を〈子ども期の貧困化〉ととらえ、次のように指摘している。

「社会全体が抑圧的になり、過度な競争環境のもとで、子どもの人間的な成長・発達が歪められ、子どもたちは、幼児期から親の目を気にし、幼児保育の学校化がすすみ、学校では学力テストを意識し、自分のだけでなく、クラスと学校の順番を気にし、仲間はずれにならぬよう気遣う。そこでは主体的な学びの権利と自由な遊びの権利が奪われていく。またそこからくる抑圧的心性は、ときに外へ(いじめ、校内暴力など)ときに内へと向かい(不登校、自殺)自分自身の充足感(wellbeing)がもてず、豊かな内面を育てる自由な空間と時間と人間関係を奪われている」と。

本論のテーマである「子どもの権利から考える学童保育の生活づくり」で解明が求められているのは、主体的な学びと遊びの復権であり、豊かな内面を育てる自由な空間と時間と人間関係の創造である。筆者も、そのメンバーとして作成してきた2つの資料を手掛かりとしながら、学童保育における生活づくりとは何かを子どもの権利の視点から考察してみたい。

2、法律の規定の歪みとあいまいさ

(1) 与えるものは「遊び」か「遊びの場」か

学童保育における子どもの生活づくりについて、学童保育（放課後児童健全育成事業）を法律で規定した児童福祉法の中には次のように記されている。

「この法律で、放課後児童健全育成事業とは、小学校に就学している児童であって、その保護者が労働等により昼間家庭にいないものに、授業の終了後に児童厚生施設等の施設を利用して適切な遊び及び生活の場を与えて、その健全な育成を図る事業をいう。」（児童福祉法第6条‐三‐2）

この規定の中には、実践を展開するにあたって、厳密に検討しておかねばならない重要な論点がある。その1つは学童保育の目的としての「健全な育成」の中身であり、もう1つは「適切な遊び及び生活の場を与えて」をどのように読み取るかという問題である。

まず、後者を取り上げると、そもそも規定の文面からはつぎの2つの読み取りが可能である。①「遊び」と「生活の場」、遊びを与えて＋生活の場を与えてなのか、それとも②「遊びの場」＋「生活の場」を与えてなのか、である。どちらの読み取りをするかにより、実践の内容は、大きく異なる。「遊び」を指導員が与えるのか、それとも指導員が与えるのは「遊びの場」であり、遊びは子どもたち自身がそこでつくりだすものであると考えるのか、その点は実践上の大きな分かれ道となろう。

学童保育（放課後児童健全育成事業）が法制化されたのは、1997年の児童福祉法の改正においてであるが、この文面作成者自身の「適切な遊び及び生活の場を与えて」の理解は、おそらく①の指導員が子どもに「遊びを与える」（子どもは遊びを与えられる受け身的存在である）ということにあったと思われる。なぜなら、「適切な遊び及び生活の場を与えて」のすぐ直前に「児童厚生施設等の施設を利用して」とあるが、児童福祉法における「児童厚生施設」の規定（児童福祉法第40条）は次のようになっているからである。

「児童厚生施設は、児童遊園、児童館等児童に健全な遊びを与えて、その健康を増進し、又は情操をゆたかにすることを目的とする施設である」

この規定を含む児童福祉法が制定されたのは、終戦直後の1947年のことであり、戦争孤児や浮浪児が街にあふれていた頃のことであるから、当時の認識からすれば、子どもを保護し健やかに育てるために「健全な遊び」を与える公共施設をつくらねばならないと考えたとしても不思議ではない。しかし、学童保育が放課後児童健全育成事業として法制化されたのは、様々な全国的実践の蓄積を積み重ねた１９９７年のことである。子どもを人として尊び、社会の一員として重んずる子ども観を掲げた児童憲章（１９５１年）やさらには子どもの意見表明や社会参加の権利を掲げ、子どもの主体性を重視した子どもの権利条約（国連での採択１９８９年、１９９４年日本批准）以後の規定としては、極めてあいまいな表現であり、終戦直後の児童厚生施設の規定に準じて「遊び」を子どもに与えるものと考えていたとすれば、その認識は基本的に間違っている。

（２）「健全な育成」とは――〈健全〉の中身は何か

ところで、「健全な遊びを与えて」とか「健全な育成を図る」とは何を意味するのか。学校内外の子どもに関わる実践や多くの政策文書・解説書などで、教育・子育ての目的規定として当たり前のようにして使用されている〈健全育成〉とはなにか。子どもに関わる実践において、「健全」概念は子ども観と実践観を柔軟に展開していくことを阻み、活動に硬直化をもたらす「殺し文句」になっている。関係者が疑うことなく金科玉条のように使用している〈健全育成〉の用語が、子どもを捉える目をくもらせているのではないか。

教育委員会主導の学校内外の青少年健全育成活動にしばしば見られることだが、「健全」の中身は、「大人の言うことを素直に聞いて、何に対しても一生懸命がんばる子」「問題を起こさないきちんとした子」「清く・正しく・美しい『優等生イメージ』」になっていないだろうか。このような「優等生イメージ」がつくられると、同時にその裏に「問題児イメージ」がつくられ、「困った子・手がやける子」は「健全」でないという見方がひろがる。

このような「健全」概念に囚われていると、実践・活動のスムーズな進行を妨げる子どもたちの行動の捉え方がすべて否定的になり、子ども観に歪みが生じる。子どもの成長のプロセスで、多かれ少なかれどの子にも現れる「いたずら・わるさ・つまずき・はみだし」をどう見て・どうとらえるか、「ぶらぶら・だらだら・のんびり・さぼり」をどう見て・どうとらえるか。これらを「健全」からはずれた「困った問題」と捉えたのでは、子ども観と実践観の幅と奥行きが狭くなり、子ども理解・人間理解の底を浅くしてしまうのではないかと危惧する。

小論の冒頭で紹介した『学童保育室で暴れる子どもたち』は、「健全でない子ども」ということになってしまうが、それでよいのか。多様で個性的で活気ある「学童保育」を法制化した際、「学童保育」ではなく「『放課後児童健全育成』事業」と名称を変えて法制化し、〈健全育成〉概念の本質を問うことなく行政を進めていることに問題があり、学童保育の「健全育成化」への変質・歪みがすでにその時に組み込まれたと見ざるを得ない。〈健全育成〉概念の理解は、学童保育における子どもの生活と遊びをどのようにとらえ、どのように実践していくかの試金石でもある。

3、子どもの「生活」とは何か――子どもの〈生活〉をどうとらえるか

法令には、児童の健全育成に向けて「遊びと生活の場を与えて」と規定されているが、そもそも「子どもの『生活』」とは何か。生活の概念について検討してみよう。

「生活」とは、生存と活動の複合であり、生活＝活動ではない。「生活」とは、生存（生理的機能や自律神経系の機能による無意識の領域を含む）と活動（「感情」や「認識」の機能に基づく「意識」と「行動」の総体）が一個の人間主体によって統一されたものであり、人間主体が自らを取り巻く環境に働きかけるときに必然的に生じる矛盾を克服していくプロセスが生活過程（日常生活）であり、それは「暮らし」の保障といったほうが適切だろう。子どもの「暮らし」には、日々刻々と紡がれゆく友だちとの仲間関係や、親・教師・指導員（支援員）との人間関係や、活動に向かう意欲や生活感情、悩み・ストレス・喜び・期待・希望などのその日の気分も含まれている。

したがって、子どもの生活に関わる仕事には、子どもを課題や目標に向かって到達させる活動の指導・教育よりも、子どもの意識や感情・気分に寄り添いながら世話をする養護とケアが必要なのであり、保育概念の養護と教育における養護の部分を見失ってはならない。

「子どもの放課後生活」の保障として、活動プログラム・遊びのプログラム、体験学習プログラムが準備されても、それだけでは、子どもの生活＝暮らしを保障したことにはならない。どんなに「理論」にもとづいて、綿密に活動や体験の機会が準備されても、活動プログラムや体験プログラムの合計では「生活」にはならないし、ましてや「暮らし」の保障にはならない。否、むしろ活動や体験のプログラム化は、「マニュアル化された活動」「マニュアル化された体験」を生み出し、それらが保育・

教育産業の中に取り込まれると「遊び体験」「生活体験」「集団体験」「自然体験」という「体験学習」商品を提供する新たな市場の形成を推進してゆくことにつながりかねない。

さて、子どもの『生活』の内容は、従来どのように理解されてきたのであろうか。

代表的な古典的理解には、教育学者の小川太郎による名著『日本の子ども』（金子書房、1952年）がある。小川は「子どもは、それぞれの生活の場で、一日の間にさまざまな活動を行っている」とし、子どもの生活について〈4つの領域〉①「基本的生活」（睡眠・食事・入浴などの人間としての生命を維持してゆくための基本的な生活）、②労働、③遊び、④学習）に区分していた。出版当時の子どもの生活は、「労働」が重くのしかかり、その合間をぬって「遊び」、しかるのちに「学習」の時間が確保できるかどうかという状況だった。小川も指摘するように、子どもの生活の変化は、「労働」の時間が減ってゆき、そのかわりに「遊び」と「学び」の時間が長くなる歴史であった。こうした変化の延長上にある現在は「学び」の時間が極端に増え、それが子どもに重くのしかかっている時代になったと言えるだろう。

こうした「生活」理解は、深谷昌志らにも引き継がれ、『子どもの放課後はどうなっているか』（北大路書房、2006年）でも「『子どもの放課後』の社会史」が「働く（労働・手伝い）」と「学ぶ（勉強・学習）」と「遊ぶ」の3領域の時間的変容を手がかりにして描かれている。

ところで、この小川の古典的な「子どもの生活」把握の中に捉えられていない概念に「休息」と「余暇（気晴らし）」確保の問題がある。グローバル経済と市場原理の下で24時間型社会となった現在に比べると、大自然の摂理に支配された第1次産業にもとづく生活文化の中にあった当時の社会環境は、1日の時間がゆっくりと流れており、子どもの生活の中には自明のこととして隙間の時間（何もしない時間）が存在していたので、「休息」や「余暇（気晴らし）」をことさら子どもの「生活」の内容として捉える必要がなかったのであろう。しかし、本来子どもの「生活」の内容としては、「労働・遊び・学習」のように「何かをしている時間」「価値や意味を求める時間」とともに、「休息・余暇（気晴らし）」のように「何もしなくてもよい時間」「価値や意味を問われない時間」も含めて把握すべきなのであり、「ゆっくりしていてもいいんだよ」「のんびりしていていいんだよ」

ということを大切にしなければならない。

24時間の中に隙間を失った現在は、生活時間のなかに意識的に「ひま」や「気晴らし」を確保することは子どもの基本的権利なのだととらえることが必要であり、それらを「生活」の内容として組み込むことが、「健康な生活と発達」を維持するために不可欠な時代となっている。生存のレベルを考えると、緊張した生活・活動にたいしては、弛緩のための活動・気晴らしが必要であり、生命体がその命の保持、すなわち健康を維持するためにも「ひま」と「気晴らし」の確保は不可欠の生理的条件である。「ひま」と「気晴らし」の保証のためには「時間」そのものを子どもの手に返すこと、子ども自身が時間を主体的に活用できるようにすることが必須要件である。

4、「子どもの時間」の保証ぬきに子どもの生活づくりはできない

「時間とはすなわち生活なのです」「人間が時間を節約すればするほど、生活はやせほそって、なくなってしまうのです」と。今から半世紀近く前、ミヒャエル・エンデは『モモ』（大島かおり訳、岩波書店、１９７６年）のなかで、日に日に貧しくなる現代人の生活に対して鋭い警鐘を発した。エンデは「時間どろぼう」のしわざを次のように言う。

「仕事がたのしいとか、仕事への愛情をもって働いているかなどということは問題ではなくなりました。―むしろそんな考えは仕事のさまたげになります。だいじなことはただひとつ、できるだけ短時間に、できるだけたくさんの仕事をすることです。」

時間は貴重だ―むだにするな！　時は金なり―節約せよ！　の標語が工場や会社に掲げられているだけでなく医者の診察室にも学校や幼稚園にも張り出され、だれ一人この標語から逃れらなくなっていると。さらにエンデは言う。

「彼らは余暇の時間でさえ、すこしのむだもなく使わなくてはと考えました。ですからその時間のうちにできるだけたくさんの娯楽をつめこもうと、もうやたらにせわしなく遊ぶのです」

「時間ケチケチすることで、ほんとうはぜんぜんべつのなにかをケチケチしているということには、だれひとり気がついていないようでした。じぶんたちの生活が日ごとにまずしくなり、日ごとに画一的になり、日ごとに冷たくなっていることを」

『モモ』の出版から50年近くたった現在、私たちの生活と時間の感覚は当時と比べても比較にならないほど、無駄な時間を過ごすことなく、絶えず意味や価値を生む時間の過ごし方をしいられ、時代の変化のスピード（時間の速さ）に素早く対応し、乗り遅れまいとせきたてられるような、気ぜわしく、あわただしいものになっている。現代は、〈将来〉にそなえた行動・活動をすることに〈現在・いま〉をついやすことが求められ、進学のための準備、就職のための準備、老後のための準備と、つねに「準備することに人生の価値」を見出させられる時代になっている（内山節『子どもたちの時間』岩波書店、1996年）。未来を拓いていくための積極的な準備というより、社会の激しい変化に取り残されることや自分の将来がみじめで苦労の多いものになることを防ぐための防衛的な活動のための時間に縛られている。目の前の遊びに夢中になり没頭することができず、つねに将来の準備のための宿題や塾通いに時間が奪われている。今という時間を充実して生きることができないのは、主体的な生活の貧困であり、それは同時に「子どもの時代」「子ども期」の喪失でもある。

時間割通りに運営される学校生活にとどまらず、学童保育や放課後の生活も、ますますせわしなく忙しくなっていないだろうか。管理された時間、急かされた時間の中では生活づくりはできない。自らの時間を奪われ、生活そのものが貧しくなっているのは、親も指導員も同じである。子どもより以上に大人そのものの生活の喪失の問題を問い直さねばならないのではないか。時間を子どもたちに手渡し、主体的な時間の活用がなければ生活づくりはできない。『学校が終われば、私の時間！―おとなに決められたくないねん！』という大阪市学童保育連絡協議会発行のパンフレットのタイトルが、明快に今日的課題を示している。

5、子ども主体の生活づくりにむけて――子どものこころが動くとき

以上、子どもにとっての生活とは何かを考察してきたが、次に「子どもの生活は誰がつくるのか」「生活づくりの主体はだれか」という問題に目を向けておきたい。

大人が、あるいは教師・指導員が遊びと生活を与えるのではなく、与える（保障する）のはあくまでも「場（環境）」であるとするならば、遊びをつくり生活をつくるのは言うまでもなく子ども自身である。子どもの要求・

意見にもとづき、子どもたち自身が生活をつくり遊びを工夫・展開・創造するということ、すなわち「子ども主体の原則」が貫かれる必要がある。今求められているのは、与えられ・管理された生活、「居場所」という名の居させられ場所のなかに子どもを囲い込むのではなく、暮らしの中に「子どもの自由世界」を拡大していくことである。

「子どもの自由世界」の拡大のためには、①自主的な時間の活用、②主体的に選択できる活動、③自治的な活動の運営という視点が不可欠であるが、自主性・主体性・自治の前提として、何よりもまず、子どもの気持ちが動き、その気になる・やる気が起きるということが必要である。遊びと生活づくりの原点である子どもたちの気持ちが動くこと、その気になる・やる気が起こるしくみ（はたらきかけ・「指導」）について考察してみよう。

遊びはなんと言ってもその活動自身が面白いこと、楽しいということが出発点である。〈面白さ・楽しさ〉は、子どもたちの自主性と意欲の出所であり、成長・発達のエネルギーの源泉であり、子ども主体の活動にするための勘所であり、活動の継続性の土台である。生活と遊びを通して〈心地よさ〉を感じ取れるということが何よりも大切なことである。

〈面白い・楽しい・心地よい〉ということを大切にして子どもの育ちを捉える事を〈アニマシオンの原理〉と言うが（拙著『アニマシオンと日本の子育て・教育・文化』本の泉社、２０１８年参照のこと）、それには指導員・教師・大人自身が取り組みの面白さ・楽しさを実感し、子どもたちと共有できるかどうかが肝要である。

新たに作成された「放課後児童クラブ運営指針」の中にも「遊びと生活における関わりへの配慮」として、「子どもの遊びへの関わりは、安全の確保のような間接的のものから、大人が自ら遊びを楽しむ姿を見せるという直接的なものまで、子どもの発達や状況に応じた柔軟なものであることが求められる」（傍点引用者、以下同じ）という指摘があるが、遊びと生活を楽しむ大人の姿を見て、「面白そう」「自分もやってみたい」「仲間に入りたい」と子どもたちの心が動き、自主性・主体的が引き出されるのである。

かつて教育学者の城丸章夫は「教育的指導とは何か」を論じた際、その本質を指示や命令にではなく「そそのかす」「その気にさせる」ことに見ていたが、〈面白い・楽しい・心地よい〉ということの中に、子どもの心の内側から気持ちが動き、主体的な遊びと生活づくりに向かう原動力がある。エデュケーションではなくアニマシオンが「遊びと生活づくり」の基本原理なのである。

6、「子どもの放課後と学童保育」――子どもの権利条約と歩む時代

学校教育にかかわる政策の分野では、子どもの発言権を重視し子どもを権利主体として承認する「子どもの権利条約」の位置づけには消極的だが、この間、児童福祉の分野では子どもの権利条約の規定とその精神が積極的に位置づけられる時代になったことに注目しておきたい。2016年5月27日に改正された児童福祉法では、第1条および第2条、第3条が次のように書き換えられた。

「第一条　全て児童は、児童の権利に関する条約の精神にのっとり、適切に養育されること、その生活を保障されること、愛され、保護されること、その心身の健やかな成長及び発達並びにその自立が図られることその他の福祉を等しく保障される権利を有する。

第二条　全て国民は、児童が良好な環境において生まれ、かつ、社会のあらゆる分野において、児童の年齢及び発達の程度に応じて、その意見が尊重され、その最善の利益が優先して考慮され、心身ともに健やかに育成されるよう努めなければならない。2、児童の保護者は、児童を心身ともに健やかに育成することについて第一義的責任を負う。3、国及び地方公共団体は、児童の保護者とともに、児童を心身ともに健やかに育成する責任を負う。

第三条　前二条に規定するところは、児童の福祉を保障するための原理であり、この原理は、すべて児童に関する法令の施行にあたって、常に尊重されなければならない。」

児童福祉法の改正に先立って作成された「放課後児童クラブ運営指針」（2015年3月31日）も、子どもの権利条約の理念を基本ベースとして、「総則-2、放課後児童健全育成事業の役割」には「放課後児童健全育成事業の運営主体及び放課後児童クラブは、児童の権利に関する条約の理念に基づき、子どもの最善の利益を考慮して育成支援を推進することに努めなければならない」と書かれている。

また「放課後児童クラブの社会的責任」として、「放課後児童クラブは、子どもの人権に十分配慮するととも

に、子ども一人ひとりの人格を尊重して育成支援を行い、子どもに影響のある事柄に関して子どもが意見を述べ、参加することを保障する必要がある」と明記されている。そのために「放課後児童クラブにおける育成支援の内容（第3章）」においては子どもの意見の尊重を、企画の段階から位置づけ、子どもたちが主体的に運営にかかわることを重視していることに注目しておきたい。

学校教育の分野では今なお後ろ向きだが、学童保育の分野では国際的潮流の最先端にたつ「子どもの権利条約」の精神と規定が明確に位置づけられており、現代日本社会における子どもの生活づくり、子ども期の充実に向けて先進的・先駆的役割を担っていることの意義を自覚しておきたいものである。

おわりに

「子どもの生活」は「子どもだけの」「子ども時代だけの」生活ではない。子どもの生活は「子どもから大人への」「子どもと大人の」市民生活につながっていくものであり、「小さな市民」「小さな住民」としての生活づくりという視点が必要である。

イギリスでは、参加型民主主義を理解し実践するための知識・価値観・スキルを身につけて、地球規模でのグローバルな問題・課題に応えていける行動的市民の育成が提起され、２００２年秋から「シチズンシップ教育」が本格始動し、「アクティブな市民の育成を目指す」「シチズンシップ教育」では、身近なコミュニティにかかわる取り組みへの参加が重視されている。「身近なコミュニティにかかわる取り組みへの参加」と言っても、コミュニティへのサービス提供としての社会奉仕活動やボランティア活動としてではなく、身近な地域活動を通じて「問題を読みとり」「解決のために行動する」力をもった市民の育成が重視されている。

こうした動向に学んで、我が国でも学校の内外においてアクティブ・ラーニングやシチズンシップ教育の必要性が叫ばれているが、子どもの権利保障の視点に立って子どもの生活づくりを進めている学童保育実践は、国際的・国内的な今日的課題に応えうる重要な取り組みである。

「人づくり革命」「働き方改革」の名の下に子どもの生活がますます型にはめられて忙しくさせられようとしている時、子どもの権利条約の精神に立脚した学童保育の側から、子どもたちの学校生活のあり方を問い直す指針を示していく時代となっている。

共につくり、育ちあう

平井　茜●横浜市指導員

私は、現在のクラブにアルバイト指導員として11年間勤務し、その後正規指導員となり、今年度で5年目となります。今クラブにいる子どもたちは、全員入所時から関わりがあり、その成長を見てきました。

たくやのこと

4年生男子のたくやは、4歳上の姉が学童に通っていたため、幼児のころから学童に来る機会があり、1年生の時にはすでに、この学童に慣れていたように思います。同学年には同じ保育園出身の他の兄弟児も多く、この学年自体が目立つ存在でした。

たくやは指導員が話していると茶化したり、つっこみを大きな声ではさんだりするムードメーカー的なタイプ。姉が学童にいた頃は、派手な姉弟げんかも日常茶飯事でした。そんな姉の存在や、年齢的なものもあり、女子はうざいという気持ちをよく全面に出していました。

ドッジボールなどスポーツが好きでとても上手な反面、練習試合でも勝負にこだわるところがあり、負けると同じチームの子や相手に対して暴言が出たりすることもあります。子どもらしいと言えばそうですが、私としてはもう少し他の子のことも考えてチームプレーができると良いリーダーになれるのではないかと思ってしまうこともありました。感情のコントロールが難しく、感情が高ぶる（キレる）と手が出やすくなり、年下の女子を泣かしたこともありました。

4年生の4月のことです。たくやが3年生男子のごうと2年生女子のあやに、ふとしたことからチョッカイをかけ、あやがその仕返しにたくやを蹴ったり、軍手で作ったボールを投げるなどしてやり返したことがありました。はじめはやられてくれていたたくやでしたが、だんだん強くなっていく攻撃に怒り、突然あやの頭を強く叩いて泣かしてしまいました。

2人を2階の別々の部屋に呼び、まずはたくやと私で起こったことを振り返りました。

私から「あやはやり返してくるから強いように見えるけど、まだ2年女子だからたくやが本気でやったら本当は怖いんだよ」「途中までやられてくれていたのは分かったし、上手にできていると思った。でも最後のはやっぱり怖いよ」と話しました。すかさずたくやは「えー、マジで。弱気の上位だよ」と言いましたが、私はさらに「それくらいだと思っても、年の差があるし、たくやは大きいし怖いよ。今あやは泣いているから、強めにやってしまったことは謝ろう。できるよね」と促しました。たくやは、あやのいる部屋に行き、あまり真面目とは言えない態度でしたがすぐに謝りました。このとき、6年生のゆうがたくやに「女子に本気になるなよ」と言ってくれたことを覚えています。

このようにたくやは相手が女子でも年下でも、ときには上級生の男子でも、感情のままに向かう事があるため、上級生に生意気だと思われやすく、下級生には怖がられている面がありました。

高学年合宿について

クラブでは6月になると、高学年（3年生以上）のみ参加できる宿泊行事が行われます。この高学年合宿の目的を〝キャンプに備えて野外活動を体験したり練習をすること〟〝高学年としてリーダーの自覚を持つこと〟〝高学年同士の交流を深め団結すること〟とし、子どもたちとも共有しています。1泊2日で、1日目には野外活動で夕食を作り、夜レクや高学年会議を行います。2日目には遠足に行きます。天気が良ければテントを張り、寝袋で寝ることできるので、子どもたちもそれを楽しみにしています。

行事に向けての取り組みとして、子どもたちはそれぞれ係に分かれて準備をします。しおりを作成するしおり係、遠足の行き先を決めたり当日の切符を購入したり、みんなと電車でのマナーを確認する遠足係、当日の夜のレクの企画進行をするレク係、朝食のメニュー決めや買い出しなど準備を行う食事係などがあります。合宿当日は来られない子も係を担い、上級生全員で合宿を作っていきます。

高学年合宿レクでの出来事

この年のレク担当は、5年生の女子2人と4年生の女子2人、4年生の男子1人の計5人でした。このうち女子4人は、ふだんからよく一緒に遊ぶグループです。子どもたちが考えた企画は、宿泊施設の食堂を使っての宝探しでした。レク担当で絵を描き、封筒に入れた物を隠します。参加者にそれらを探してもらい、さらに中身の絵が何かを当てると得点が入るという内容でした。指導員としては、隠したものを探してもらうだけのほうが分かりやすくて良いと思うところでしたが、彼女たちの自分たちで絵を描きたいという気持ちが分かる気がしたので、そのまま進めてもらうことにしました。

彼女たちの気持ち、企画に対する思いについては、その年の3月に行った春合宿で、当時の6年生が企画してくれた夜レクに話が戻ります。春合宿とは、その年度の3月に〝1年間の成長を、がんばってきた仲間と認め合う〟という目的で行われる行事です。子どもたち全員で遠足に行き、その日は施設に宿泊します。翌日学童に戻り、6年生を送り出す卒所式を行います。

前年度の春合宿の夜レクは6年生の男女2人ずつ計4人で企画をすることになりました。企画会議中、置いてあった紙に何気なく誰かが描いたキャラクターの落書きが似ている似ていないで盛り上がり、そこから自分たちが描いた絵をクイズにするのはどうか、ということになりました。6年生全員がそれぞれアニメのキャラクターや芸能人を大きい紙に描き、下級生にそれを当ててもらうというものです。合宿当日、レクはとても盛り上がり、絵を披露する6年生たちの照れている表情や、絵を見て盛り上がってくれる下級生に囲まれて嬉しそうな表情が見られました。当時はそんな6年生の様子が特に印象的でしたが、彼らを見る下級生の中には、盛り上がり楽しんだ気持ちと共に、場の主役になっている6年生へあこがれのまなざしを向けていた子もいたようです。今回、彼女たちが出したレクの企画から、改めてその時の様子を振り返り、いろいろな角度から子どもたちの気持ちをみていく大切さについて考えるよい機会となりました。

準備として、レク係の子で参加する子たちをグループに振り分けたり、レク係の子それぞれで絵を数枚ずつ描きました。色をつけたりちょっとひっかけの要素を加えたりと、おしゃべりしながらいろいろなアイデアを出し合い、楽しそうに進めていきました。

いよいよ当日、レク担当唯一の男子は欠席だったため、女子4人で進行することになりました。みんなにルールを説明した後に封筒を隠し、スタートとなりました。

始まると、各グループが隠した封筒を探すところで、まずは楽しい声があがります。見つけた絵の答えを聞いたり、その得点を付けたり、レク担当も大忙しとなりました。自分の描いた絵を探してもらい、一生懸命当ててもらうのはやはりとても楽しいようで、私も彼女たちがこだわった企画が実現してよかったなと思いながら進行の手伝いをしました。

ひと通り封筒が見つけ出されたところで結果発表です。この結果により、この後の夜食を選ぶ順番が決まることもあり、グループごとに並んで集計結果に一喜一憂する姿がみられ、場がにぎわいます。そんな中、想定していなかった事態が起こりました。同点のグループが2組出たのです。その場でレク係が相談し、じゃんけんで順位を決めることになりました。4年生男子たくや、しょう、たつきの3人のチームが勝って喜んだのもつかの間、他グループの5年生男子のはるかが、レク担当に突然訴えました。あいに見せた分が得点に入っていないのではないかと言い出したのです。その場で再度レク担当4人が確認し、相談して、はるかのグループも同点となり、再度3つのグループでじゃんけんをすることになりました。

そのときは、誰もそのやり方について文句を言う子はおらず、そのまま代表者が出てじゃんけんをしました。すると、その結果、4年生男子3人のグループの順位が下がることになってしまいました。私はそのとき特に気にする子が出るとは考えていませんでした。しかし、4年生男子チームのたくやがうずくまり、静かに泣き始めたのです。私も、直前の喜ぶ様子を見ていたし（もう少ししっかり説明できたのではないか、悪いことをしたな）と思っていると、たくやの様子を見たレク担当のあいも泣き始めてしまいました。

一旦、全員次の高学年会議に向けて宿泊室に移動となりました。泣いてしまい動けずに食堂に残ったあいには、他のレク担当の子たちが「あいのせいじゃないよ、大丈夫だよ」と声をかけてくれていました。私も「しっかり集計の時にみてあげられなくてごめんね。たくやもあいが悪いと思っているわけじゃないと思うよ」と声をかけました。レク担当の子たちは、ふだんからあいと一緒にいることが多いので、（この子たちに任せて大丈夫だろう）と思い、私は気になっていたたくやの様子を見に宿泊室に向かいました。

宿泊室に入ってみると、中は大騒ぎの状態でした。たくやの落ち込んだ気持ちは怒りに変わったようで、感情のままはるかを追いかけ回していました。その場にいた指導員に状況を聞くと、はるかの首をしめようとしたり、はるかが持ってきていたゲームで使うカードを宿泊室の窓から投げたりしているとのことでした。（感情をコントロールできないたくやが出てしまった……失敗した……）と、私は思いました。しかし、そこに私の出番はありませんでした。

6年生男子のゆうやじゅんがたくやを押さえたり、4年生男子のしょうがはるかをその場から逃がそうと誘導したり、子どもたちそれぞれがその場でできることをやってくれていたからです。たくやの投げたカードを拾っている子もいます。私はそれを見て、（大変なことになってしまったな）という気持ちが消え、（なんとかなるな）と思えました。こんなにみんながたくやのこと、はるかのことを思って行動してくれている、そしてたくやはその思いの伝わらない子ではないという思いがあったからです。

はるかの姿が見えなくなり、たくやを押さえていたゆう、じゅんが「そんなに怒るなよ、な」「はるかはたくやに嫌がらせで言ったわけじゃないじゃん」と、たくやの怒りをおさめるために、いろいろと話しかけてくれていました。興奮状態のたくやは怒りのために、並べてある布団を蹴り続けています。ゆうやじゅんは、自分ならこう気持ちを切り替えるという話や、はるかってこんな感じだよねとふだんのエピソードをしゃべってみたり、あきらめることなく、途切れることなく、たくやに話しかけていました。

たくやの性格やふだんの様子を考え、自らなんとかしようとしてくれている2人を見て、私は他の子からも手助けしてもらおうと考えました。たくやに向けて「同じグループだったたつきとしょうは、今どう思っているんだろうね」と話し、そばで様子を見ていた2人に、私から「2人はレクの結果について、今どう思っているの？」と聞きました。しょうは「おれもえーと思ったけど、もう切り替えた」と言い、たつきは「おれはまあ、しょうがないかなと思った」と、それぞれたくやと同じ立場だった仲間として、今思っていることを話してくれました。私は何も言わずに聞いていました。たくやと同学年のしょうとたつきは、ふだんたくやが一緒に遊んでいる仲間です。たくやが自分の気持ちをわかってくれない奴らだと考えることはないだろう、そして2人の言葉が自分の気持ちを落ち着ける助けになるだろうと思えたからでした。

その後もゆう、じゅんが、他愛のない話をするなかで、たくやの表情も徐々に変わっていき、笑顔も見せ始めました。もう大丈夫だろうと思い、その場を2人に任せて、私はあいとはるかの様子を見に行きました。あいは、涙は止まっていましたが沈んだ様子でした。(たくやの荒れた様子も伝わっていただろうな)と思い、「たくやはもう気持ち切り替えたよ。あいのことを怒っている感じは全然なかったよ」と伝えました。

(あいが気持ちを切り替えるためにも、たくやに謝るといったやりとりをしたほうがいいのかもしれない)と思い、「たくやに何か言う?」と聞き、そこからレク担当の子たちで謝ることになりました。私がたくやのところに行き、「レク担当の子たちが謝りたいって」と話すと、たくやは「いい。もう怒ってない」と即座に言い、「そっか」と私が言うと「はるかのことも怒っていない」と続けて言いました。私は(短時間で口に出せるくらいに気持ちを切り替えられた、すごいな)とたくやの成長を感じ、「切り替えられたんだね。レクの子たちに伝えるね。みんな気にしていたから安心すると思う」と話しました。私は、たくやの気持ちをそれぞれの子たちにすぐに伝えに行きました。はるかはトイレまで逃げていましたが、そこですでに落ち着いていたので、たくやの様子やゆうやじゅんが説得してくれたこと、他の子がカードを探して集めてくれたことを話しました。私が宿泊室に戻ると、今度はたくやが自分からはるかのところに謝りに行きました。

みんなの気持ちが落ち着いたところで、少し時間が押しましたが、高学年会議となりました。会議のテーマは〝キャンプに向けて〟です。全員揃って食堂に移動して、班ごとにテーブルに座ります。相棒指導員が進行し、議題は〝今日のキャンプに備えた練習、何がうまくいったか、いかなかったか〟になりました。それぞれが紙に鉛筆で自分の考えを書いていきます。たくやがどう書いたのか気になり、私は班の子としゃべっているたくやの紙を覗き込みました。そこには〝レクで怒ってしまった（失敗）〟と書いてありました。それを見て、自分のことをすぐに振り返られる素直さにかわいいなと思う気持ちと、そのように考えられるまでに気持ちを切り替えられたのは、このような経験を一緒に共有してくれた学童の仲間たち思いがあったからだなと思いました。

ふりかえり

高学年合宿という行事の中で、子どもが進行するレクでトラブルが起きました。指導員として、事前準備やその場でもっとできることがあったように思います。同点だった場合はどうするか決めておくこと、はるかの訴えを結果が出ているからと制止することもできたかもしれません。

しかし、トラブルが起こったその時、子ども同士でこの状況をなんとか解決できるのではと、それぞれが考え、行動を起こしてくれたことで、図らずも学童の上級生同士の団結が見えた気がしました。ふだんから一緒に生活している仲間だからこそ、相手の気持ちや性格がわかっているからこそ、自分たちが何とかできる、何とかしたいという気持ちに自然となっていくのではないかと思います。子どもたちのそのような様子を見て、当時私はすぐに（なんとかなるな）と感じ、彼らに任せてみることにしました。その瞬間そう思えたのは、子どもたちがそれぞれに考え、感じながら作っていく日々の子ども同士の関係の積み重ね、そしてそれを何年も続けている学童での毎日を信じていたからだと思います。そのような仲間との繋がりがあるからこそ、高学年合宿のときのようなトラブルが起こっても（たくやは大丈夫）と、指導員として思えたのでした。

今、５年生になったたくやは、下級生女子に大人気です。いくらかまっても嫌がらずにやられてくれ、やりすぎてしまう子を上手にかわす方法も身につけ、優しいとまで言われています。最初のエピソードでたくやに泣かされていたあやが、寝転がってマンガを読むたくやの背中に頭を乗せて本を読む姿を見かけると、まるで兄妹のようでほほえましくもあります。

学童には毎日子ども同士の思いのやりとりがあります。その中で指導員として彼らの思いに耳を傾けながら、これからも一緒に彼らとの日々を毎日こつこつとかたち作っていきたいと思っています。

【特集】子どもの権利から考える学童保育の生活づくり

拓哉の思い

重木奈穂美●中条小学校区学童保育のびっ子くらぶ

拓哉の印象

今年、拓哉は中学に進学した。

拓哉は、目元がきりっとした端正な顔立ち。足も速くて、頭もよくて、取り組んだことには、きちんと結果を出す勝ち気な努力家。でも、人との関わり方は不器用で誤解されることも多かった。1年生のころは、カッとすると手が出ることも多かった。正義感も強いことから、ルールを守らないような相手には、首に青筋を立てて怒鳴っていたのを思い出す。間違ってはいないのだが、相手の言い分も聞かずに結果重視で怒るので、まわりもひいてしまう。拓哉のことを「めんどくさい」と感じている子も多かったように思う。

関わりきれなかった3年間

この学年の男子は、拓哉を含め、アスペルガー症候群と診断さている悠二と、てつや、なつき、ゆうき、とうまの6名だった。1、2年生の頃、状況がわからずパニックを起こしてしまう悠二には、特に丁寧に関わらなくてはならない時期だった。保育園のころから同学年の同性の子たちとうまくいかない悠二とこの5人は、お互いに距離を置いているようで、クラブの中では同じ学年であっても一番遠い位置にいたのだと思う。悠二と一緒にいることが多かった私も、この男子5人とは距離があったのかもしれない。1、2年生の頃の5人は、他の学年と交じって遊ぶことが少なかった。いつも5人でいるような印象だった。風通しの悪いこの5人だけの関係が、気にはなってはいたのに、どの指導員も継続的に関われてはいなかった。

知られたくない……拓哉の思い

この5人の関係が深刻だと感じたのは、3年生の3学期。拓哉の様子がおかしいと感じるようになったことからだ。4人が知らん顔して拓哉には声もかけず置いていこうとして、それに気づいた拓哉が急いで追いかけるような場面や、5人がゲラゲラ笑っているかと思ったら、拓哉だけは顔を引きつらせながら合わせて笑っていたり。そんな場面を何度も見るようになった。

決定的だったのは、トランプをしていた時のこと。私も含めてとても盛り上がって楽しくやっていたのに、突然、なつきが、「や～めた」と言ったかと思うと、てつや、ゆうき、とうまが、次々にトランプを置いて、「や～めた！」と言う。私が「なんで？」と聞くと、とうまが、「だってこのままじゃ、拓哉が勝つし」私が「はあ？　ダメなん？」と聞くと、拓哉がすかさず「おれも、や～めた！」と言って、トランプを置いた。拓哉の引きつった笑い顔を見て、それ以上何も言えなかった。

いつも勝ち気な拓哉にとって、自分がみじめな思いをしていることをまわりに知られることは、絶対に嫌なのだという強い思いを感じて、ひどく焦ったのを今でも思い出す。思えば、この5人は大きなケンカや言い合いをしたことがなかった。風通しの悪い関係。なんとなく順番に1人を外すような空気が5人の中に流れていたのではないかと思う。ちょうど仲間を強く意識する年齢の拓哉にとっては、しんどいことだっただろう。拓哉が周りに気づかれたくないと思っていることは守りたいと思った。いっぱい泣ける1、2年生の時期にしっかり関われていなかったことを後悔した。なんとかこの関係性を崩したい。意識的に5人に関わることを続けた。

悠二との距離

そんなある日。些細なことから、悠二と拓哉がケンカになった。怒った悠二は、そばにあったイスを投げようとした。拓哉も怒っている。5人でいる時はへらへらした態度の拓哉だったが、今回は違った。他に投げるものを手にしようとする悠二に「武器はだめ。卑怯やよ。ケンカするんなら相撲にして」と言って、まわりの子たちに机をどかしてもらった。拓哉は悠二につかみかかった。足を払おうとしたり、お互い本気で倒そうとしている。とうとう悠二が投げられて終わった。

悠二は「勝ちたい。家で練習してくる」と泣きながら言った。その日、悠二はお父さんを相手に家で練習したらしい。翌日、悠二から拓哉に相撲の申し入れがあった。昨日よりも冷静な拓哉は、あっさり悠二を投げて終わった。悠二は家で練習。クラブで練習。挑んで負けて、毎日続いた。

5日目。拓哉は「悠二、今日が最後やぞ」と言った。拓哉の言い方が優しい。私はいつもと違う拓哉にちょっと感動した。悠二はいつも以上に粘っていた。拓哉は少し手を抜いていたのかもしれない。とうとう最後、悠二は軽く投げられて終わった。うつぶせのまま号泣している悠二。私は「悠二がんばったね」と言って、汗だくの悠二の背中をさすった。拓哉は黙って近くにいてくれた。ちょうど悠二のお父さんが迎えに来た。今日のことを伝えると、拓哉に「ありがとな」と言ってくれた。

しばらくたったある日、悠二が暴れた。拓哉は悠二のそばで「悠二、どうした？　なにおこっとるんや？」と優しく聞いてくれ、テープカッターやブロックをつかんで投げようとする悠二を、私と一緒に止めてくれていた。悠二は拓哉に攻撃することはなかった。


悠二と相撲をとったということの出来事は、拓哉にとって大きなことだったのではないかと思う。このあと、拓哉はあまり5人でいることに固執しなくなったように感じるからだ。

拓哉にとっては辛い時期の思い出なのかもしれない。5人でいることが苦しくても、なかなかその関係から抜け出せなかった拓哉。そんなしんどい時期に、一番遠くにいたはずの悠二が、しつこく毎日挑んでくることに、面倒だと思いながらも付き合う中で、なにか感じるものがあったのではないか。悠二との距離が近くなったことを感じたことで、5人の関係にこだわらなくてもいいと思えたのかもしれない。そんな風に想像した。

拓哉の変化

拓哉が4年生になると、学年入り混じっての男子グループができて、兄弟のようにダンボールハウスでこっとり過ごしたり、クラブ対抗のドッチビー大会に向けて、仲間たちと全力で取り組む姿もいきいきしていた。

5年生になると、指導員室の私の前の席を自分専用にしたようで、帰ってくると必ず「しげき、聞いて」と言ってランドセルをドカンと置いて話し始める。学校であったことや先生のこと、習っているサッカーのことや、女子の人間関係について……などなど。宿題をしながら、いろんな話をした。

勝ち気で自分に厳しいストイックな拓哉は変わらないが、人に対して正義感を振りかざして攻撃するような場面は見られなくなった。また、拓哉の変化で印象的だったのは、「おれ、絵下手ねんて」とか、鉄棒が苦手なことなど、照れくさそうに自分の苦手を口に出せるようになったこと。

同学年の女子たちは「拓哉、なんか変わったね。優しいし。うるさくないし。ふつうの感じがいいね」とこっそり耳打ちしてきた。

厳しいリーダー

拓哉は6年生になった。新学期が始まると、突然「おれ、厳しい6年生になるわ」と言い出した。みんなが言うことを聞くリーダーが、拓哉の理想のリーダーらしい。どうしてそう思うのかはわからなかったが、拓哉には「厳しいと怖いかもね。拓哉のことが怖いから言うこと聞くっていうのは、どうかな?」と言うと「厳しくせんかったら、みんな好き放題でまとまらんやろ」と答えた。「別にまとめなくても、1年生が安心して自分の意見が言えたり、みんながのびっ子に来たいと思えることが大事じゃないかな」と伝えると、「しげきの言いたいことはわかるよ。でも、そんなにうまくいかんし」と言った。

基本まじめだし、結果を出したがる拓哉には、私の言うことは漠然としていてわかりにくいのかもしれない。

ただでさえ、下の子たちにとっては、なんでもできてかっこいい拓哉は、憧れでちょっと遠い存在。「厳しい6年生」は、正しいことを罰則付きでガンガン言ってしまう……そんなことになるのでは……と心配になった。でも、拓哉がそう思っているのなら、とりあえず見守ってみようと思った。

拓哉の思い、私の思い

4月のある日、おやつが終わった時間。隣の部屋の高学年テーブルの下で鼻水を垂らして号泣している1年生のはるまと、長い物差しを片手にまくし立てて怒っている拓哉を見つけた。拓哉は「こいつが高学年テーブルの裏に落書きしとってんて」と、ムチのように長い物差しを自分の足にポンポン当てながら大声で怒鳴った。はるまは、「ちがう！　おれ消そうとしただけやし」はるまが握っていたのはホワイトボードマーカー。これは、プラスチックに書いた油性のマジックの上に塗ってティッシュでふくと、油性のマジックも消える。このホワイトボードマーカーをのびっ子では「魔法のペン」と呼んでいた。

私は、はるまの鼻水をふきながら、「魔法のペンで落書きを消そうとしたんやね。わかるよ。私も同じことしたことあるよ。でも、消えんかったんやね」と話したが、拓哉は「消せんかったら、落書きしたのと同じやろ！　鼻たれ小僧のくせに！」と言った。私は、「たとえ、結果消えなくても、はるまのは落書きとは違うと思う」と言うと、「は？　落書きやろ」と拓哉。「消そうと思ったはるまの気持ちは？　失敗したかもしれんけど、それってそんなに怒られんなんかな？」拓哉はイライラしたように「厳しく言わんかったら、こいつ、また同じことやるし！　しげきは、甘いげんて！」

落書きかどうかの言い合いが続いたが、私にはどうでもいいことだった。拓哉は、頑なに「消せんかったら、落書きしたのと同じ」と言い張ってはいても、意地になっているだけで、消そうとしたはるまの思いは受け入れているのだろうと思った。

子どもたちも集まってきた。ますます拓哉も引けないだろうと思った。私は、落書きかどうかというより、「鼻たれ小僧のくせに！」と言って仁王立ちになって、怒鳴りつけている拓哉の威圧的な態度に頭にきていた。たしかにはるまは入所当初、あお鼻を出していることが多かったし、その印象は強かったと思う。拓哉がはるまに「鼻たれ小僧」と言って嫌がっていたことも知っていた。もし、かわいがっている1年生のりゅうとがこの落書きをやったとしたら、こんな風に怒鳴りつけたりはしないだろう。拓哉は意識していないかもしれないが、はるまだから、こんなやり方をしたのではないかと思った。

ちょうどその時期、はるまが実は足が速いということを、一緒に遊んでいた子たちが気づいて、あお鼻の印象が大きく変わっていた。4年生のひなのや、3年生のこうたが「はるま、おもしいげんて。かわいくなってきた」と言っていたことを、私はうれしく感じていた矢先のことだった。一緒に遊んでいるからこその発見。拓哉には、関わっているからこそ相手のいろんな面に気づけることや、厳しくすることと威圧的に相手を抑え込むことは違うのではないかと伝えたかった。

私の横に3年生のこうたが来たので、今までの流れを無視して、唐突に、「こうた、はるまって、めっちゃ足速いんやよね」と言うと、こうたは急にふられて驚いていたが、何度もうなずいた。6年生のまりあが、「しげ、今それって関係ないやろ?」と言った。「関係ないよ。でも聞いて。拓哉はいっつも鼻たれ小僧っていうだけで、はるまのこと何も知らないよね」拓哉はイライラしたように物差しで床を叩きながら、「おれが間違っとるってことか?」と言った。落書きを怒ったことが間違っているのか? という意味だったとは思うが、私はあえて落書きには触れず、「私が言いたいのは、全然自分のこと知らない相手から、失敗したことを仁王立ちになって怒鳴られたら、明日ものびっ子にきたいと思うかな。拓哉は6年生。はるまは1年生やよ」と言った。

こうたが、心配そうに、「はるま、のびっ子いやか?」と聞いてくれた。はるまは泣きながら「もう、いやや。こわい!」と言った。そりゃそうだろ……と私も思う。でも、はるまには、拓哉も怖いだけじゃないことも伝えなければと思った。

私はまわりで見ている子どもたちに「拓哉のこと怖い人?」と聞くと、そこにいた半分が手を挙げた。「怖いけど、かっこいいと思う人?」と聞くと、さらの手が挙がった。「怖いけど、おもしろいと思う人?」と言うと、みんな「はあーい!」と手を挙げた。子どもたちに私の意図が伝わっていたのか。ノリもあったのかもしれない。ついでに「拓哉のこと大好きな人?」と言うと、もっと大きな声で「はーい!」と全員が手を挙げた。私も手を挙げた。最後はみんなで大笑い。拓哉は意外な展開に戸惑っていただろう。急にテンションも下がって苦笑い。

落書きを怒って悪いか！　という拓哉。そんなことはどうでもいい、1年生に対する威圧的な態度が許せない私。お互いに感情的になって平行線。最後は子どもたちを巻き込んで、強行手段で終わらせてしまった。

拓哉に伝えたいこと

そのあと、私と拓哉は指導員室のいつもの席に座った。まりあも私の隣に座った。拓哉は落ち着いていた。私も冷静になって「拓哉が5年生やったら、私はあんなに言わなかったと思う」と言うと、拓哉は意外そうに「なんで?」と聞いてきた。「5年生が1年生に仁王立ちで怒ったとしても、そこへ6年生が来て、お互いの言い分聞いてくれて、『お前の気持ちもわかるよ。でも、あんま怒んなって。』とか言ってくれて……。1年生にしてみれば、5年生に怒られたけど、6年生が助けてくれたら安心できるよね」と伝えた。これには拓哉が意外にも「ふうーん。」と大きくうなずいた。私は「それって誰のことかわかる？　りょうまや。拓哉はりょうまが優しいだけで物足りないように感じてたのかもしれないけど、去年、りょうまはいつもそうやって下の子のこと見てくれてたよ。去年のりょうまを見てて、6年生だからこその役割ってあるのかなって思ったよ」と伝えた。

憧れのリーダー

このことがあってから、拓哉がいろいろ考えてるんだなと感じる場面がいくつもあった。はるまの走りを見て、「ほんと、お前足速いなー」とほめてくれたり、帰りの会で「しずかにしろー！」と怒鳴って見せて、そのあと「うっそーおこりませ～ん」と言ってみんなを笑わせたり。ドッチビー大会では「今年はチームワークで優勝する！」と宣言して「怖いリーダーじゃ、下は育たんなあ」と言って、1年生にも丁寧にキャッチを教えたり。きっと拓哉なりに理想のリーダー像を探していたのだと思う。

ちなみに有言実行の拓哉は、この年もドッチビー大会でチームは全勝。リレーではゴール直前で抜いて1位。宣言した通りのびっ子優勝。絶対あきらめない勝ち気な努力家！拓哉のさすがの結果だった。

秋になると、中学進学も現実的になってきた。高学年スペースで高学年仲間とおやつを食べたり、世代交代だと言って、5年生に帰りの会の進行を任せたりするようになった。相変わらず「いっしょに宿題しよう」と私を誘っては、いろんな話をした。激しい議論になることも。「おれ、思うんやけど……」と前置きして話す拓哉との意見交換の時間は、本当に楽しい時間だった。

「しげき、おれが働くようになったら、おごってあげる」とか「おれが、スマホになったら、LINEしよう」とか「部活の後、毎日のびっ子来るしな」とか……。淋しいのか、そんなことを唐突に言ってくる。私が「はい、はい」と答える。それもいい思い出だ。


3月、卒所式。卒所証書を読む私の前で、ずっと泣いていた拓哉。泣き顔は絶対に見せない。涙を両腕でぬぐっていた姿は今でも忘れられない。人前でめったに泣かない拓哉が、全員の前で泣いている姿に、子どもたちも驚いただろう。そして、ますます拓哉のことが大好きになったと思う。

中学に行って、あんなに「毎日来るからな」と言っていたのに、毎日はこない。（笑）たまに、顔を出してくれると、子どもたちが「拓哉きた！　拓哉きた！」とクラブ中で伝言ゲーム。今でも子どもたちにとって拓哉は、のびっ子最強の憧れのリーダーらしい。

卒所した日、拓哉がお母さんに「おれにとって、のびっ子は特別や」と言っていたと聞いた。私にとっても拓哉とのエピソードはどれも忘れられない。何年か経って、大人になった拓哉とのびっ子で過ごした6年間の昔話をしてみたい。覚えているだろうか？　いろんな場面で本当はどう思っていたのか、聞いてみたいなと思う。

「学童の子ども」になるということ

松田　洋介●金沢大学

剥奪された「子ども期」

子どもの権利という視点から考えた場合、現代日本社会はどのような状況にあるのだろうか。2010年に、第三回子どもの権利条約市民・NGO報告書をつくる会は、国連子どもの権利委員会への報告にて次のような報告をしている。すなわち、新自由主義にもとづく構造改革のもとで、子ども期が剥奪されており、子ども期の剥奪を克服するためには、①子どもの主体性、すなわち子どもが現実に働きかけそれを変える力を権利として承認すべきこと、②子どもの主体性が「受容的で応答的な大人との人間関係」においてのみ実現可能である以上、そのような人間関係を権利として承認すべきこと、③意見表明権をそのような権利を承認したものとして理解すべきこと、これらが必要である（世取山洋介「国連子どもの権利委員会　第三回最終所見を読み解く」『人間と教育』2010年冬号、15頁）。健康で文化的な生活が保障されているのはもちろんのこと、子どもの主体性が認められ、現実に働きかけ、それを変える力をもつことが子どもの権利の中核にあること、しかし、新自由主義的改革のなかでその権利がいっそう剥奪されているという現状認識が提起されている。

8年後の現在、剥奪された子ども期は回復されたのか。そうとはいえない。第一に、2006年の教育基本法改正を契機に、学校現場に対する統制は一層強力になっている。学校スタンダードのもと、授業は担任教師と子どもとのやりとりの中でつくられるものではなく、できる限り決められた基準にそうことが目指される。下駄箱の靴の入れ方、あいさつ運動、お辞儀のタイミングと方法、無言清掃など、授業時間外の子どもの行動への統制はさらに強まっている。給食は、班の座席配置にせずに、授業時の座席配置のまま（校内放送を鑑賞しながら）静かに食べさせる学校が増えている。授業開始までに着席する「タイム席」の取り組みは「進化」を遂げ、今では、休み時間終了5分前には着席することを目指す学校も多い。休み時間や食事の時間にまで、子どもの行動への統制が及んでおり、学校は子どもたちが失敗や葛藤を重ねながら自分のスタイルを獲得する場ではなく、決められたルールに順応することが求められる場になっている。

もちろん、教師の子どもとの関係が「受容的で応答的」になっていると感じる教師は少なくない。学校スタンダードの強まりの一方で、スクールカウンセラーの普及とともに、心理学的知識は学校現場に浸透し、子どもたちに慎重に対応しなければならないという規範は強まっているからである。「笑顔あふれる教室」を目標としている教師も少なくないだろう。しかし、そうした教師の「応答性」は、子どもの快・不快をコントロールし、規定の教育活動をスムーズに成立させることを目的としていることが多く、子どもの意見表明権を尊重する方向を目指すものではない。教師の多くは子どもに笑顔をふりまいているが、そこにユーモアはないのである。

また、学校から解放されても、子どもたちに自由な遊び時間は確保されていない。ベネッセの第2回放課後の生活時間調査（2013年）によれば、習い事に通っている割合は小学6年生で8割を超えている（83・1％）。同調査によれば、もっとゆっくり過ごしたいと感じている子どもが、小学生で7割、中学生で8割を超えている。自生的な子ども集団は形成されにくくなっている。

学童保育実践に求められていること

このように今の子どもたちは、「現実に働きかけそれを変える力を権利として承認」される経験をしていない。それを仮に「子ども期の剥奪」と呼ぶのであれば、「子ども期」を取り戻すために、学童保育には何が求められているのか。あらかじめ指摘すれば、自由な時間と空間を保障するだけでは、「子ども期」の回復は難しい。上述の世界を生きる子どもたちは、少しぐらいの自由を与えられても、ふだんの管理的な世界で身につけたやり方でしか、その時間をすごすことができないからである。だとするならば、子どもたちが、学童で「子ども期」を経験できるようになるためには、そこがふだんの学校や習い事とは異質な場であることを認識し、かつ、その場で生きることに魅力を感じ、そこにとどまり、そこで社会化されること、いわば、「学校の子ども」から「学童の子ども」へと変身することが必要となる。しかし、学校の管理的世界に慣れた子どもは、容易には「学童の子ども」へと社会化されない。だからこそ、現代の学童保育実践は、管理的な学校や習い事に社会化された子どもたちを、揺さぶり、崩し、「子ども期」へと誘うための試行錯誤とならざるをえない。そのような視点から捉えたとき、平井実践と重木実践から何を学ぶことができるのか。

子どもたちで「なんとかなる」：平井実践から学ぶ

平井実践の焦点は、高学年の合宿レク時のトラブルにある。2チーム同点だったために、じゃんけんで決着をつけることとなり、たくやグループが勝ったが、その後になってはるかが自分たちの点数がきちんと計算されていないとレク係に訴えたことからトラブルは生じた。レク係は、はるかの訴えを認め、たくやチームの勝利はいったん白紙に戻され、仕切り直して、3チームでじゃんけんをして、結果的に、たくやグループのチームは順位を下げることになったのである。たくやは納得がいかず、最初はうずくまって泣きはじめ、しばらくその感情ははるかへの怒りとなり、はるかの首をしめようとしたり、はるかのものを投げ散らかし、手を着けられない状態になった。その様子を見て、平井さんは、最初失敗したかなと思うが、すぐに「なんとかなる」なという気持ちになる。たくやをおさえたり、たくやに声をかけたり、はるかを逃がしたりと、子どもたちがたくやの怒りを鎮めるために試行錯誤をしていたからである。

興味深いのは、平井さんのこのレクの見守り方である。平井さんは「隠したものを探してもらうだけの方がわかりやすい」と思っていたことからもわかるように、レクのトラブルをある程度予見している。にもかかわらず、平井さんが子どもたちにそのような助言をしなかったのは、子どもたちに「あえてトラブルを経験」させようとしたからではない。トラブルを回避するよりも、高学年のレクの様子を見て、絵を描きたいというレク係の思いを実現することを優先しているからである。こうしたレク係の思いは、必ずしも自己本位なものではない。というのも、レク係にとっては、上級生が成功させたイラストを描いたレクを実現することが、この学童保育への愛着と結びついた役回りを得ることにつながっていたからである。

上述のように怒り狂うたくやをめぐって、子どもたちは、役割分担をしながら、たくやの性格への理解をもとにした関わりをしている。この学童では、日常的に、互いの子どもを理解できるだけの子ども同士の様々なやりとりがなされていること、自分の判断で行動することに意味があることを実感できる経験を積んでいることがうかがえる。唯一、平井さんは、たくやと同じ境遇にあるたつきとしょうに「今どう思っているの?」と問いかけ、彼らの言葉をたくやに聞かせている。それはたくやへの説得の論理を導くためではない。むしろ、たくやに、自分の気持ちをわかってくれる仲間がいることを気づかせようと、いわば、その場、その集団にたくや自身のやり場のない思いに応答してくれる仲間がいることを実感させようとしているのである。そして、それを実感できたからこそ、たくやははるかに謝り、また、〝レクで怒ってしまった（失敗）〟と振り返ることができていたのであろう。

子どもの認識を問い直す：重木実践から学ぶ

重木実践の主人公も、拓哉である。低学年のころの悠二との相撲のやりとりも印象的だが、この実践の焦点も、1年生のマジックペン使用をめぐる拓哉と重木さんとの言い合いにある。6年生になった拓哉は、独裁的なリーダーイメージを内面化し、特に低学年に対して厳しくなっていた。そんな拓哉は、ある日、はるまが油性マジックでテーブルの裏を汚したことを知ると、「落書き」だと決めつけ、物差しで威嚇し、怒号を浴びせはじめた。重木さんと拓哉の言い合いは、その拓哉を、重木さんが真正面から批判したことから始まる。

興味深いのは、ここで重木さんは、トラブルの原因となった「落書き」か「過失」かをめぐる事実認定に決着をつける方向で、拓哉を追求しないことである。拓哉がはるまに悪気があるわけではないことを分かっていること、にもかかわらず、その怒りを鎮めることができていないということを重木さんが確信していたからである。他方で、重木さんはそうした拓哉を宥めようともしない。むしろ彼女自身の感情を顕わにしながら、はるまは足速いことを知っているのか、と拓哉のはるま観に修正を迫っていくのである。こうした重木さんの追求には、同学年のまりやが「しげ、今それって関係ないやろ?」とつっこみを入れている。実際、はるまの足の速さは「落書き」か「過失」かには関係なく、表面上の論理の筋をみれば、まりやのつっこみは的確である。しかし、重木さんは手を緩めることなく、拓哉のはるま認識を問い続ける。拓哉のはるまへの態度は、リーダーであるという規範に囚われ、はるまを一人のかけがえのない存在としてみなしていないことからきていると重木さんは捉え、そこにこそ重木さんのはるまへの怒りは向けられていたからである。もちろん、こうした重木さんの筋は傍目には分かりづらく、拓哉も、容易には納得しない。だからこそ、重木さんは、周囲の子どもを巻き込んで、拓哉自身を周囲の子どもがひとりの個として承認している姿を顕在化させるのである。

拓哉を承認するパフォーマンスへと周囲の子どもを動員する重木実践に賛否はあるだろう。重木さんも「強引に場をおさめた」と振り返っている。ただ、重要なことは、その直後に、拓哉だけでなく、まりあともあわせて、指導員室にて対話ができる状態になっていることである。重木さんは今度は落ち着いて拓哉に話し、拓哉も落ち着いて重木さんの話に耳を傾けることができている。拓哉は、自らが一人の個として承認された実感をもてたからこそ、自らの防衛に終始するのをやめ、他者を受け入れながら、対話する姿勢へと転じることができているとはいえる。

この場面に典型的に表れているように、重木実践からは、拓哉がこのような周囲の子ども・指導員の拒絶と受容とを繰り返すことで、「学童の子ども」へと社会化されていく様子がうかがえる。

「学校の子ども」から「学童の子ども」へ

二つの実践から学ぶべきことはなにか。第一に、個々の子どもが大切にしている自分自身のあり方が大切にされ、皆に共有されることを集団形成の原理としていることである（注1）。これは、管理主義的な学校での集団形成の原理とは真逆である。そこでは、所与の役割規範に自らを適合させることが是とされているからである。「学校の子ども」から「学童の子ども」への転換とは、後者の原理から前者の原理への転換である。しかし、それは容易ではない。重木さんが拓哉を追求したのは、彼が「学童の子ども」のリーダーを目指そうとしていたものの、低学年の過失を許さず徹底追求するという意味で未だ堅苦しい「学校の子ども」を範としたリーダー像に囚われ続けていたからである。拓哉は「怖いけど面白い」自分、いわば「学校の子ども」とは異なる側面をもつ自分が承認されたという実感を得ることで、はじめて、「学校の子ども」である自己を相対化することができたのである。

第二に、こうした学童の集団形成原理では、価値対立をめぐって子ども同士のトラブルが多発しやすく、またトラブルを回避したり、簡単に解決する方法はない。だからこそ、子どもたち自身が他の子どもたちのことをよく知らなければならないし、平井実践の子どもたちのように、子どもたち自身でなんとか和解し、共生の作法を模索しようとするし、共生の作法が蓄積・継承されることで、学童の文化が形成されていくのである。共生の作法は、「みんな仲良くする」「怒らない」といった感情をコントロールするための規範ではなく、長い時間一緒に過ごすことで培われた互いの個性への認識、そして互いに見知っているという安心感によってつくられていることがわかるのである。

紙幅はつきた。他にも、二つの実践に見られる、怒ることの意味や怒りの鎮め方など論じたいことはあった。いずれ、議論したい。

（注1）もちろん、その時々の子どもたちが大切にしようとしている自分自身のあり方は、社会で支配的な価値の強い影響下にあり、例えば、年齢秩序を過度に内面化していたり、セクシズム（性差別主義）からも自由ではなかったりすることも多い。

子どもを主体とした学童保育の生活

中野　裕子●堺市五箇荘小学校のびのびルーム指導員

はじめに

私が学童保育の指導員として放課後の生活にかかわるようになって34年。これほど永く続けることになるとは私自身ビックリしている。「学童保育」にこだわり続けた今までの日々。これを語るには、堺の学童保育の歩んできた歴史抜きには語れない。

「学童保育」と言う言葉さえ知らなかった私は、1982年、アルバイト保育士として勤めていた保育所の門前で署名を集める保護者たちの姿を見たのが最初。いわゆる10万署名を集めた「大請願運動」だった。それでもさほど心には残らず。

その後、いくつかの保育所に勤務した最後の保育所で、堺の学童の保護者だった保育士から「学童で働いてみない？」と声をかけられたことがきっかけになった。もともと小学校教師を希望していたのもあって、「楽しそう！」と心が揺れ、「学童じゃなく極道やで。入ったら抜けられない！」という別の保育士のアドバイスも聞かず、学童保育の世界に飛び込んでしまった。1984年のことだ。

私の学童保育原点――保護者と共に

紹介された学童保育は、元公立で学校の空き教室を利用、保護者会運営の学童保育、いわゆる共同学童保育所だった。わずかな助成金と保育料で運営していて、保護者会の時に保育料を徴収するため、毎月の保護者会にはたくさんの保護者が集まって子どもたちのことを話し合った。指導員として子どもたちの様子を丁寧に報告して、保護者に理解と協力をお願いした。

子どもを中心にした大人のつながりが強く、みんなで子育てをしていることの心地よさをいつも感じていた。ここでの13年間の生活でたくさんの保護者、指導員仲間、そして子ども達と知り合い、時にはぶつかりあったことが、私の指導員としてのこだわりの原点になっているといっても過言ではないと思っている。

新しいスタート

現行の放課後児童対策の再構築の提示、新事業実施を1年凍結した後、1997年4月「放課後児童対策事業・のびのびルーム」(以下「のびのびルーム」)がスタートした。それに伴い、現「のびのびルーム」に異動。新しい学童で新しいスタートが始まった。児童数は1年生~6年生で20名。今まであった保護者会は解散することになった。

初日、初めて顔を合わせる保護者を前に、自分がこだわる学童保育の遊びや生活、今までやってきたことに間違いはない！　という思いで学童のことを語った。今思うと私のたいそうな意気込みに、「大変な指導員が来た！」「めんどくさい！」と思った保護者も多かったのではないだろうか。

しかし、当時は若かったこともあるが、学童保育の楽しさ、面白さをたくさん知っていた私は、「忙しいけど一緒に楽しもうよ！」と必要以上に保護者に呼びかけ、つながりを強めていった。保護者会はなかったけれど、どんどん「のびのびルーム」に来てもらい、参加してもらうことで、保護者の理解、協力も深まっていった。

子どもたちの思い

堺の学童保育は1年生~6年生までを受け入れていた。「のびのびルーム」スタート2年目に入室してきた子ども、とりわけ女子は意欲的な子どもが多く、学年が上がるにつれてその力を発揮していった。高学年になるにしたがって辞めていく子どもがいる中、2003年4月、8人の6年生が残った。6年生たちは自分たちだけで楽しむのでなく、いままで経験したことを伝え、一緒に楽しむ、みんなを巻き込んでいくすばらしい力を持っていた。

その子どもたちが5年生の時のクリスマス会でのこと。衣装、小道具、セリフ、動き、練習まで何一つ指導員の手を借りずに上演した「不思議な国のアリス」の劇に子どもたちの主体的な力、すごさに感動したことを覚えている。さらに劇作りで「自分たちで協力し合ってつくることの喜び」を知った子どもたちが、日頃の指導員が作成している「おたより」に刺激されたのだろう「子ども新聞を作りたい」と要望してきた。同じ版下を渡すと、ふだんの私が発行する大人目線の新聞と違って、子どもの目で見たなんともユニークな新聞が出来上がった。指導員が発行する「おたより」と同じように、子どもたちは自分たちの「新聞」を保護者、学校の先生に配布してまわった。

毎年、夏の終わりに行う「ごくろうさん会」でも「今年は夏祭り！」「ゲームコーナーにしよう！」などといたるところで自分たちの思いを提案して、実行していった。指導員顔負けの行動力に、どうしてこの子どもたちにこれだけのパワーが次々と湧き出てくるのか考えてみた。それは毎日一緒に過ごす仲間がいる。それを温かく見守る大人たちがいる。安心して楽しめる居場所になっているからなのかなと思った。

リサイクルバザーをしたい！

２００3年4月。パワーあふれる子どもたちは6年生になった。

その年の秋、学校でリサイクルの学習をしてきた子どもたちが「バザーをしたい！」と突然言ってきた。子どもたちは、よく理解できていない指導員に「家にはいらないものが捨てられないでたくさんある。まだ使えるのに邪魔やから捨てる。でも、ほかの人にいるものかもしれない。だからそれを持ち寄って交換バザーをしたい」と説明してくれた。それを聞いた指導員は「いいねー、面白いねー。でもね、それするにはいろいろ準備が大変やで」と、いつもの〝守りの姿勢〟。でも、子どもたちは言われっぱなしではない。今でも感心するような計画書を提出してきた。
①子ども新聞で思いとお願いを書く。
②家庭で集めた品物を持ってきてもらう日時を決めて知らせる。
③持ってこられないものは取りに行く。
④集まったものの仕分け、値段付けは高学年と保護者

のお手伝いをお願いして行う。
⑤お金のやり取りではなく、ポイントで一人何点までと決めていたような？　提出してくれた人には事前にポイントを渡していたのか？（ここのところがはっきりしていないが）
⑥前日準備は、一部屋をそれにあてて会場作りをする。
⑦当日の店番は高学年と保護者有志で行う。

やりきった子どもたち

当日の天気は快晴、気持ちのいい子どもたちによる「リサイクルバザー」のスタートができたことは言うまでもない。お客に「これは便利ですよ！」「この服よく似合いますよ！」「安くしますよ！」「タイムサービスです！」などと呼び込みの声が飛び交う部屋。子どもたちの上手な呼び込みに、ついつい手にするお客さん。売れ残りはあったものの、大盛況の中「リサイクルバザー」は終了！　6年生が計画実行したリサイクルバザーは大成功で、子どもたちの中にはやりきった感が満々だった。

この年の6年生は8人。自分たちも大いに楽しんだであろう学童保育での6年間だった。その楽しみは自分たちだけに留まらず、周りの子どもたちや大人たちをも巻き込み、楽しみの輪を広げてくれた。

8人の子どもたちが卒業を目の前にした3月。「のびのびで何がいちばん欲しい？」と私に聞いてきた。「えーっ、いっぱいあるけど、のびのびの子どもたちのおやつ、袋菓子ばっかりやから、電子レンジがあったらおいしいおやつ出せるかなー」と夢みたいな返事をしたら（そのころから手作りおやつはダメ、袋菓子のみ）なんと1台の電子レンジを「私たちからのプレゼントです」と持ってきてくれた。

最初は自分たちでお金を出し合って買いたいと思ったようだが、なかなかみんなで出せる金額で買えそうもない。予算内で電子レンジが買えないかを保護者に相談してみたのだ。そこで、相談を受けた保護者たちがいろいろなお店を調べてくれて、予算内で購入できたと後から聞いた。そのレンジには、子どもたちの名前と「2003年度卒業生寄贈」のシールが目立つところに貼ってあった。

6年間学童で過ごした子どもたちは、子どもたちだけでなく保護者にも一緒に楽しんでくれるようないろいろな取り組みを提案、実行してきたが、そのことが保護者たちの「のびのびルーム」への関心につながったのではないか。子どもと子ども、保護者と保護者、保護者と指導員、そしてみんなのつながりに発展してきたのだと思う。

今、振り返ってみれば、この6年生たちが子どもたちや大人たちを繋げる大きな懸け橋になってくれたし、それが数年後にできることになる保護者会づくりの土台になったのではないかと思っている。

施策変更に振り回される子ども・保護者、そして指導員

2006年、児童数の急激な増加で待機児童が発生。5年生になっても「のびのびルーム」に入室したいと思っていた子どもたちと保護者が市長に訴えたがかなわなかった。しかし、高学年の居場所の確保を訴える保護者の運動が広がり「放課後ルーム」という4年生以上の堺市の新たな放課後施策が加わった。新施策「放課後ルーム」の発足当初は、「のびのびルーム」を希望する高学年も多く、「のびのびルーム」に空きがあれば高学年の入室も可能であったが、2009年度より4年生からは「放課後ルーム」のみという施策の変更によって、「のびのびルーム」は完全に1年生から3年生の学童保育になった。

3年生と言えば、「ギャングエイジ」真っただ中。学童の上級生としての位置付けとしてはかなりの課題があった。自分のやりたいことがいっぱいの子どもたちは、「やっと上の学年がいなくなった！　さー、やるぞー」と思っている時に、3年生までの学童保育に移行したことで「リーダー会議をやります。今度の遠足では班のまとめ役として……」などと進むものだから、なんともやりきれない。リーダーへの自覚を育てる時間も体験もない中で、子どもたちの気持ちが追い付かないうちに、どんどん学童の生活は進んでいく。

けれど子どもたちはたくましい。「今度の遠足、児童数増えたけどいける？」「新年会、お店の選択、下見、みんなのメニュー決め、うまくいくかしら？」といった指導員の心配をよそに、1年を終えてみると「3年生の○○君は班のみんなをうまくまとめていたよね！」「○○さんの言葉かけさすがやった！」などと、一緒に参加してくださった保護者からも「さすが！　やるときはやる！　本番に強い子どもたち」などの感想が出されるま

でに成長していた。

すでにギャングエイジの子どもたち・49名

２０１５年、49名の１年生が新しく仲間入り。年々増え続ける児童数で、ついに１４５名の大規模ルームになった（その数年前から百名を越えていたが）。

この年に入所してきた１年生（特に男子）は、保育所、幼稚園でも元気いっぱい、良くも悪くも自己主張の強い子どもが多く、４月１日から学校内を追いかけまわす事態に陥った。校庭の水道の穴に鉛筆、どこから持ってきたのか筆やらいろいろなものを入れて詰まらせ、水道の水があふれる。物を投げる、順番は守らない、手足が出る、口は達者。

学校でも毎日何かやらかして、担任を飛び越えて学校ぐるみで対応していた。でも、面白いことにこの子どもたちのおかげで、職員室にもよく顔を出すことになり、先生方と子どもたちの話がいっぱいでき、いろいろなことが共有できた。

とはいえ、元気溢れる１年生集団に、２、３年生は「しゃーないかー」と少しあきらめのところもあった。指導員の中からも、児童数増加の中指導員不足もあり「やりたい放題の子どもたちを遠足や新年会、夏休みの班でのおやつ買いなど、校外に連れていくのは心配……」といった声も出されるようになった。

けれど、元気いっぱいの子どもたちの対応は、子どもの問題ではなく指導員側の問題だ。指導員不足などの問題が厳然たる事実としてあるが、大人の都合で子どもたちが楽しみにしている取り組みを、簡単にやめることはできない。やり方を変えて取り組めないか、いろいろ検討した結果、夏休みのおやつ買いは３年生の上級生としての取り組みに、新年会は班で食事に行くのではなく、保護者会の協力をお願いして、班で決めた食事を配達してもらったり、保護者が取りに行ってくれたり、遠足は保護者の当日の応援をお願いするなど、保護者の協力をもとめつつ、今まで通りの内容で行った。

２０１８年度施策の変更で揺れ動く子どもたち

２０１７年秋、わんぱくだった１年生集団も来春から４年生になる。子どもたち自身も私たち指導員も保護者たちも「４月からは放課後ルームで」と思っていたが、またも堺市は突然の施策変更。「放課後ルーム」は今後、見直して廃止の方向が打ち出された。２０１８年度から

1年生から6年生までの「のびのびルーム」にする。ただし、5、6年生は「放課後ルーム」と「のびのびルーム」を選択できる。4年生は「のびのびルーム」のみという発表だった。

「のびのびルーム」が大好きだった子どもたちの中には、「このまま残りたい」と言う子どもも多かったが、この10年あまりの「4年生からは放課後ルーム」施策の定着により、子どもたちには「放課後ルーム」へ行くことが自然の流れのようになっていた。「放課後ルーム」に行った子どもたちは「『のびのびルーム』のほうがよかったよー」と、よく「のびのびルーム」に顔を出してはいたが、まだ「放課後ルーム」を経験していない新4年生の中には、興味やあこがれなどを抱く子もいた。

「やったあー『のびのびルーム』に残れるぞ～」と喜ぶ声と、「え～『放課後ルーム』に行ってみたかった～」と残念がる声が行き交っていた。

保護者の中にも、残れることを安堵する声が多かったが「『放課後ルーム』は4000円なのに～」（全児童施策・おやつなし・開設時間が短い、などが開設要件で、利用料は「のびのびルーム」の半額）と、兄弟児を「のびのびルーム」に通わせる保育料負担の大きい保護者からは複雑な声も聞かれた。

3年生の姿に冷ややかだった2年生は「今度は自分たちがルームの上級生になれる！」と喜んでいたにもかかわらず、「これからずーっと今までと同じ」「もう我慢するのは嫌！　のびのび辞めたい」などの深刻な声も聞かれた。

そんなふうに喜びと落胆の声が吹きまくる3月。4月からどうするかみんなが悩んだ年度末になった。

大規模学童で一人ひとりの子どもをとらえることの難しさ

2018年4月、1年生51人が入ってきて、169名の児童数でスタートした。共用教室の利用で縦割りの3クラスで毎日の保育を行った。3月末で退職した5名（学生も含む）の補充もなく、毎日指導員不足の中で、今までこだわってきた「学童保育」とはかけ離れた「その日だけでも無事に過ごせればいい」というような毎日だった。そんな学童の生活に元気溢れる4年生が満足するはずがない。指導員も子どもたちの気持ちがつかめない。子どもたち自身もやりたいことが見つからない、わからない。集団で好き勝手なことをする。まわりの子どもたちも影響される。そんな日が続き、子どもたちも指導員たちも疲労の日々。

どうにかしなければ、このままでは高学年の居場所がなくなりバラバラになってしまう。子どもたちのいろいろな思いを聞いてみようと、「今思っていること」「今やりたいこと」「これからやってみたいこと」「願い」を付箋に書き出してみた。最初はふざけていた子どもたちも、真剣に考えるようになり、「どこかのルームとサッカーの試合がしたい」『がちでドッチの試合がしたい』『のびでクラブ活動がしたい。手芸とかクッキングとか』『出かけたい」「泊まりたい」など、さまざまな思いがたくさん出された。なかには「これは無理やろ」ということも書いてあったが、みんなでこれを整理して、「これはすぐにできる」「準備、工夫はいるができるかも」「ぜひやってみよう」とに分類してみようと、みんなで確認した。

しかし、毎日の時間にはこれを考える、みんなで集まれる時間がなかなか取れず、夏休みの課題としていまだに手付かずでいる。子どもたちの〝疼き〟を受け止めきれずに模索している私たち指導員がいる。

もどかしさを抱え込みながら向きあっている3人の子どもたちの〝いま〟を紹介しよう。
◎サッカーが大好き。クラブチームに所属し、練習のために「のびのびルーム」でゆっくり過ごす時間の少ないN君は落ちつけず、つい好き勝手なことをしてはみんなからの苦情も多くなり、いつも「N君！」と名前が出ている。あまりの勝手さに大好きなサッカーに入れてもらえない時もあった。それでも、指導員やみんなから厳しい事を言われ続けても、サッカーのないときは必ず「のびのびルーム」に来る。後日、母親から聞いた話によると、3月末に「俺、先生たちに迷惑かけるからやめようかな！」とN君は言ったという。「迷惑をかけているって、ちゃんとわかっているんですね」「家の中には『下級生には意地悪をしない』『約束は守る』など、私たちとの約束事を貼ってあるんです」と、お母さんは笑って教えてくれた。
6月のある日、N君は足の指を骨折して、しばらくサッカーができない。お母さんは「サッカーができないイライラで迷惑をかけるから」と「のびのびルーム」を休ませていたが、その間の生活は、母親の目を盗んでは走り回る、ボールを蹴る、の骨折を治すには真逆の毎日。ほとほと保護者も困ったようだ。「サッカーに行けないんなら『のびのびルーム』においでよ！」と言う指導員のさりげない言葉がうれしくて、翌日からは毎日「やー！」っと言って帰ってきた。

「のびのびルーム」は縦割りで3クラス（トトロ・ドラえもん・ミッキー組）に分けている。N君は双子の姉と一緒で、ドラえもん組の6つある班のリーダー。でも、ドラえもん組に座っている姿をほとんど見ない。おやつのときも、ほかの子が「N君、トトロにおるー」と教えに来てくれる。「N君ドラえもんやろう。先生、『Nがいないねん』と探してたで～」と声をかけると「俺、トトドラやねん」と涼しい顔で答える。目を盗んでは良いほうの足でサッカーをする。「N君、今我慢せんかったら、治らんよ。監督して座ってアドバイスしたら？」と声をかけると、さすがに大好きなサッカーができなくなるとわかると、いつものオトボケがなく素直に聞く。でもその他は自分のやりたい放題で楽しんでいる。決まった時間になかなか帰らず、待たされる友だちは文句も言わず、ただただジーっと待っている。その横を「ごめん！待たせたな」と言うこともなく、すましてさっさと帰っていく。
◎学校プールの時間に壁を蹴って、同じ時期に同じ足の指を骨折したM君。医師から「3週間外には出さずおとなしくさせてください。」と宣告されたM君の「のびのびルーム」での生活をどう過ごさせるのか。N君と同様で、いかに自分が楽しむか？　どうやったら外に行けるか？　と考えるM君。M君が考案した〝作戦〟はなかなかユニークで面白い。「お医者さんが少しならいいって！」とお医者さんの名前を出したら騙せると思ったり、「外　OK。母」と、いかにも保護者が書いたような紙切れを見せに来たり。残念なことに誰が見ても、「タ　ト　ロ　K。M母」にしか読めず、すぐにばれる……といったことが毎日繰り広げられる。
◎N君とM君以外にも、毎日のように名前が挙がる4年生がいる。毎学期ごとに学校で行われる「いじめアンケート」にも、毎回同じ名前の4年生複数名の名前が出る。毎回各担任が申し訳なさそうに「対応をお願いします。」と持ってくる。その1枚1枚に聞き取りを行い報告する。これもまた大変な作業になる。
N君、M君、そして、いじめアンケートで名前が出される子どもにしても、みんな「のびのびルーム」が大好きで通ってくれる。けがをしても、療養を課せられても「のびのびルーム」に顔を出し、友だちといっぱい遊びたい。それがトラブルに発展してしまうことがあっても。そんな彼らの願いにこたえ、かけがえのない「子ども時代」を「のびのびルーム」で過ごしてほしいと、切に願っている。けれど現実は厳しく、私たちは悩み、苦しむ。どうしたら彼らが自ら考え、力を合わせて生き生きと活動できる学童保育が創れるのか。彼らの主体的な力を引き出すために私たちにどのような支援が求められているのか。私が指導員として学んだ「学童保育の原点」を子どもたちとともに創り出すためには、あまりにも施策の矛盾が大きすぎるのだ。施策の壁の厚さに私はたじろぎ、足踏みし、そして後退しそうになる。

しかし、学童で育った子どもたちは、確実に成長している。これからも子どもたちの底知れぬ力を信じて見守っていきたいと思う。どんなに最悪の環境でも、子どもたちは自分の意志で「のびのびルーム」に来ている。子どもたちが自分たちの思いを正面からぶつけることのできる環境は、私たち大人が整えていかなければいけない。大人の責任としてそんな子ども達の思いにこたえるためにできるだけの努力をしなければいけないと思う。

子ども・保護者・指導員の垣根を超えて

私の学童には年間を通していろいろな取り組みがある。そのほとんどが、「保護者も一緒に参加して楽しもう」と呼び掛けて行っている。その中で「これが1番！」と胸を張って言えるのが、夏休み最終土曜日に行う「ごくろうさん会」。いままでいろいろな内容で行ってきたが、ここのところは、ふだんみんなで遊んでいる「おやとり」という鬼ごっこを、親チーム対子どもチームで行った後、みんなで水をかけ合う「水合戦」が定番になっている。

前日、午前中から3年生（今年は3～6年生）・指導員・OB、保護者で四千個ほどの水風船作りをする。大きなプールが色とりどりの水風船で埋まっていく様子を、まわりの子どもたちは興味深そうに見ている。風船作りが下手で、びしょびしょになる子どもがほとんどだが、濡れたまま外でお弁当を食べた後は、だいぶ上手になっている。お迎えに来た保護者も手伝う。わざわざ仕事を休んだ保護者もいる。夕方、プールにブルーシートをかけて終了。1日がかりの準備である。

翌朝、プールの中にはしぼんだ風船がたくさん浮かんでいる。がそれはしかたがない。10時、運動場で、大人チーム・トトロ・ドラえもん（今年はミッキー組も増える）で「おやとり」が始まる。子どもチームのあまりの人数の多さにびっくりする大人チーム。じゃんけんで倒しても倒しても復活する子どもたち。「大人げない〜」と子どもたちに言われながらも必死に対抗する大人チーム。その姿に子どもたちがまたまた燃える。炎天下の走りはしんどいが、その後の楽しみのために走る！　走る！　最近は大人チームの勝利に終わることも多い。

11時、各部屋で着替えた子どもたち、大人たちが、手にはでっかい水鉄砲、バケツなどを持ち、次々に運動場に集まってくる。中にはゴーグルをしている人もいる。配ってもらった水風船を持ち、みんな開始の笛の音を待つ。「ピィ〜」の笛の音と共にみんなで水のかけ合い。日頃の恨みか、後ろから突然バケツでジャーとかけてくる。日頃ムーっとした顔で迎えに来るちょっと苦手な保護者にも、容赦なしにジャーと水をかける。「今回は見学」と壁側にいる保護者にも水はかかる。その日の昼食のカレー作りをしているエプロン姿のお母さんたちも「楽しそう〜。来年はやるわよ〜」と笑っている。どういうわけか、今まで一度も雨で中止になったことがない。毎年これを楽しみにしている人も多いと聞く。全員で記念写真を撮った後は、みんなでゴミ拾いと片付け。ゴミ拾いをしている人たちの顔はみんな笑顔になっている。「楽しかったねー」と口々に話をしている。

この行事でみんなの距離が縮まったような気がする。険悪な子ども同士の関係も水に流されたようにも思う。

おわりに

私が指導員として働き始めた34年前と今。子どもを取り巻く環境は大きく変わった。それがたとえ良い施策の変更であっても、そこで生活する子どもたちにとって、コロコロ変わる施策の変更やはり大変なことであったと思う。それでも子どもたちは今も昔も変わっていない。誰でもが豊かな放課後を楽しく過ごしたいと願っている。指導員、保護者も同じ思いである。それを担う指導員としての責任は大変大きいと、定年を数年後に迎える今、特に強く思う。

育ちの力を信じ待つ――ヒロとの3年間

中野　範子●一般社団法人共育舎あおぞら会・あおぞらクラブ児童育成会

1、ヒロとの出会い

ヒロの母は、姉が在籍しているあおぞらクラブに入所することを希望していました。卒所式の日、母と一緒に出席し保護者席に座ったヒロは、母の膝・肩・頭にまでよじ登ろうとしています。何とか椅子に座らせようとする母の手を振り切って、児童席の間を走り回り、教室の外に逃げていきました。その後、式の最中、母との追いかけっこが続いていました。

数日後、入所手続きに来たヒロの母は、保育園では問題児とのレッテルを貼られ辛い思いをしてきたこと。姉がいた時には姉が面倒を見ていたが、姉が卒園した後、ますますひどくなっていったこと。ヒロは本が大好きで2時間でも3時間でも児童書を読んでいて、家ではテレビやゲーム機はないので、ゲームはやらせていなく、テレビは祖父母宅で少し見る環境であること。ヒロは日本の教育には合わない子で、海外のほうが合うと思うと話をしていました。

卒所式の時の母の真剣な姿と追いかけっこを楽しむように見えたヒロの姿や入所手続きの時の母の話、そして、ヒロに関わった大人からは育ちの課題が見えないまま、あおぞらに籍を置きました。

ヒロは、今年3年生です。そのヒロが自ら持っている育ちの力とあおぞらクラブの仲間との関係作りでパニックを乗り越えていく姿を書きました。

2、下校でつながる

ヒロは春に普通学級に入学しました。

「ヒロを一人で下校させるとどこへ行ってしまうかわからないので……」と、下校の件で母から相談を受け、しばらく学校へのお迎えをすることになりました。学校に着くと「ヒロさん！」と担任の大きな声が外まで響いている毎日です。ヒロの姿が担任の視界から消えると慌てて探しています。大人への信頼を持てないヒロは迎えに行った私にも無視です。それで、必ずこちらから「ヒロ　こんにちは」と声をかけました。そのうちに時々見失うようになりました。柱や靴箱の陰に隠れてこちらを見ていることに気が付いたので、かくれんぼのように「みっけ！」と言ったり、後ろから回りちょっと驚かしたりしながら関係作りをしていきました。ヒロは大人を困らせることで自分の方に向かせようとしていると感じたので、ヒロのどんな姿にも寄り添い、〝そんなことをしなくても、いつもヒロのことを見ているよ〟とメッセージを送りながら関係作りをしていきました。そのうちに、ヒロの見えるところに立ち待っていると「帰るよ」とヒロから声をかけてくれるようになりました。迎えに行く私を受け入れ始めたので、少し距離を置いてヒロの後ろから歩くようにしました。虫を見つけたり道路に落ちている物を拾ったりしているヒロのいろいろな興味や関心を大切にしながら一緒に帰りました。

でも、突然興奮し、友だちの所に走っていき、殴ったり蹴ったりすることがありました。この頃のヒロは当日のことだけでなく、かなり前のトラブルも根に持ち、暴力で仕返しをしないと気持ちを収めることができないでいました。

3、家族、学校との関係作り

母に代わって

ヒロには、当時3年生の姉がいました。姉のナナは忙しい母の代わりにヒロの面倒をみていました。学校の帰り道、ナナに会うとヒロは嬉しそうに大声で「ナナ！」と呼びます。すると、ナナは慌てて走ってきてヒロのカバンを持ち、おぶって学童に連れて帰ろうとします。そんなことが続いたので、ナナに「ヒロは1年生になったので自分のことは自分でしたほうがいいと思うけど、ナナはどう思う」と聞いてみました。ナナも自分の気持ちを素直に話すのが苦手でヘラヘラとはぐらかし、その場を離れていくことが多い子でしたが、この時の話の端々からヒロのことはナナに任されており、保育園の時もこのように面倒をみていたようでした。

学校でも、休み時間にヒロの教室に通い、全校集会の時にはヒロの姿に目をやり、ナナ自身は友だちと触れ合い、遊ぶ事が少なかったようです。3年生は二方向的な話し合いで、折り合いの力をつけていく時期なので、友だちとの生活や遊びを優先できるように促すのですが、ヒロに何か起きると慌てて来て「私のせいじゃないよね」としつこく確認します。そんなナナをヒロから解放させ、自分らしく生活でき、友だちとたくさん遊べるように支援していきました。

続くナナへの依存

帰り道、ナナに会い大声で呼んでも手を振るだけで何もしてもらえないとランドセルを投げ、ジャンパーや靴を脱ぎ棄て「ナナ！　早く持っていけ！」と大声を張り上げ座り込みます。その姿を見るとナナは慌てて走ってきて、ヒロの投げ捨てた物を拾い集め、抱いたり、おぶったりしようとします。でも、その時には、「ナナ、ありがとう」と声をかけ「でも、これはヒロが自分でしなきゃいけないことだから、ナナはお友だちと先に帰ってね」と、ヒロの前できっぱりと断りました。だれも手伝ってくれないことがわかってくると「なかのっち、これ持って」と何かひとつ私に持ち物を委ね、それで気持ちの切り替えをしました。

自分で投げた物を集め、身支度をし、何とか学童に帰ることができても「グアー」と言葉にならない声を張り上げ、いきなりナナに跳びかかり、殴る蹴るが始まります。ナナは黙って身を守っているだけなので「痛い時には、痛いって言っていいんだよ」と言い、ヒロには、ナナは全く悪くないことをナナの前で伝えました。

依存から主体へ

帰り道、カバンや靴を投げ大声を張り上げても持ってくれる人はいません。「いいよ。ヒロが帰れるまで待ってあげるよ」と、ヒロのダダコネと付き合う日が続きました。学校でトラブルを起こし、ランドセルを廊下に投げることや背負わない時もあります。そのランドセルをどうするかはヒロに決めさせ、学校にそのまま置いてくることもあります。帰り道、友だちとけんかして怒りで物を投げた時も、それをどうするかはヒロに決めさせ、拾いに行かない時はそのまま置いて帰りました。どんなヒロでも100％受け入れます。このように負と思えるようなことでも、育ちには必要なエネルギーと信じ続けました。

その後も〝ヒロの人生だから、ヒロが自分で決めていこうね〟〝困った時は、一緒に考えようね。ヒロは大切なあおぞらの子〟という思いを持ち続け、どんな些細なことでも、ヒロと相談し、ヒロに決めさせ、依存から自分主体の生活ができるように支援していきました。

夏休みが近づく頃には、ランドセルを背に、私の姿を確認しながら一目散に走って学童に帰るようになりました。

母と育ちの感動を

母にとっては、あおぞらクラブはヒロを安全にみてもらえればいい所でした。母には高い専門意識があり子育てには不安を抱えながらも、そこには自分なりの子育て論がありました。母が迎えに来るとナナはヒロの身支度をして抱っこします。母は普通にヒロのカバンを持って帰ります。ナナはそうすることで母の愛を繋いでいるようにもみえました。

学童でヒロがパニックを起こすことが少なくなっていった頃から、お迎えに来た母には、生活や遊びで楽しかったこと、そして可愛かった姿を伝え続けました。母には理想・理論の中で作られた子ども像だけではなく今の丸ごとのヒロを受け入れてほしいと思いました。どんな些細な変化でも育ちに繋がることを伝え続け、子育てを感動し合える関係を作るようにしました。

学校との関係作り

個人情報の交換に関してはガードが固く、ヒロの学校での様子はわかりませんでした。母からは、教室に長時間いることが難しく授業中に教室から抜け出し注意されているらしいと聞いていました。ヒロに聞くと〝教室に長い時間いると体がイライラするみたいにヘンになって、椅子に座っているのが辛い〟というようなことを話してくれました。

ヒロに確認して、私がヒロの気持ちを学校に伝えることになり、相談に行きました。ヒロの今の育ちからは、教室以外の居場所が必要と思い頼んだのですが、学校は授業時間に教室にいるのは当たり前のことで想定外の相談で受け入れてもらえませんでした。ヒロの件では担任も辛い立場に追い込まれていたようです。

学校・家庭・児童デイサービスでのパニックと学童でのヒロ

ヒロは両親の祖父母宅・家・あおぞらクラブと放課後の生活の場所は定まらないでいました。そして、暴力とパニックを繰り返し親や姉は傷だらけの毎日が続いていました。学童では、ほとんどパニックを起こすことはなかったのですが、母はこのことでヒロはストレスを抱え、家庭でパニックを起こすと考え始めるようになりました。

2年生になり、ヒロのパニックはますますひどくなりました。学校でのヒロは教室で長い時間座っていることが辛く、心と体が悲鳴を上げているようでした。家庭では暴力が繰り返され、デイサービスでは決まりに馴染めず発達に困難を抱えている児童とはぶつかることが多かったようです。周りの大人たちは、ヒロを1日も早く今の環境でみんなと同じように生活ができるようにと、それぞれが努力していました。でも、そのことがヒロを追い込みパニックになっているようにもみえました。

4、不登校に

春の運動会をきっかけにヒロは完全不登校に入りました。学校に行けなくなったヒロは「あおぞら（学童）なら行けるかも」と言ったことで、学童での生活が始まりました。ヒロは学童ではほとんどパニックを起こすことはありませんでした。

朝、母が仕事に行くとき送ってきます。登所するとまず本のコーナーに行きます。ヒロが見つけたヒロの居場所です。毎朝「ヒロ、おはよう」と声を掛けます。本から目を離さないのですが、聞いているようです。そして、私のこれからの予定を伝え、お互いの気配が感じられる距離にいます。環境の変化に敏感なので、見通しを持てないことに不安を感じさせないためでした。

弁当はついたてを作り、1人で食べていました。強い偏食と家でも1人で食べているようで、生命の危機を感じました。食べさせることではなく何が食べられるかの模索から支援が始まりました。学童のおやつも全く食べませんでした。

返事がなくても学童の生活を必要に応じて伝え、判断はヒロの気持ちに任せました。本のコーナーから少しまわりに目を向けるようになりましたので、作ることが大好きなヒロが興味を引くような材料を集め、ヒロの見えるところに置きました。「これ使ってもいい？」と私の返事を聞かずに一方的な問いかけで触り始めました。それから、工作に使えそうな物をダンボール箱の中に入れておくと、そこから出していろいろな物を作っていました。「ねえ、見て、見て」と作品を通じてヒロと話ができるようになりました。それからは大型ブロック、将棋、トランプなどで遊びながら午前中を過ごしました。外遊びまでには発展しませんでした。また、ヒロからの要求はできる限り受け入れ、出来ない時はいくつか提案してヒロに選ばせました。

この時は、自分の人生を自分で切り開く力をつけてほしいことと、主体的になることで活動に責任を持ってほしいという思いでした。失敗することもありますが、そんなときは「それでいいんだよ」と2人で結果を受け入れるようにしました。その後「ねえ、聞いて、聞いて」を連発し、一方的なのですが、自分の思いを言葉にして伝えるようになってきました。しかし、早口で語彙数も少なく発音も悪いので聞きづらく、さらに、思っていることを順序立てて話せないことが多かったです。そんな時には、「大丈夫だよ。ちゃんと聞いているからね」と、自分の思いを伝えられず興奮しているヒロとゆっくり向き合い話を聞きました。時にはヒロの言葉を整理して代弁し、ヒロの気持ちを確認しながら話をしました。

友だちとも遊び始めました。しかし、自分中心にヒロのルールで遊ぼうとしたり、勝つためのズルをするので長続きしません。でも、子どもたちは、ヒロは育ちづらさのためにみんなと同じように遊びや生活ができないことを知っているので、一方的な遊び方で大きくぶつかることはありませんでした。ヒロも自分の思いが通らなくてパニックを起こしそうになると、本のコーナーにこもって気持ちの切り替えができるようになりました。

5、ダンボールでつながる

冬に入り、子どもたちはダンボールで家を作り、トンネルのように作った廊下で3つの家をつなげて遊んでいました。ヒロも興味を示し、中に入っていました。ところが、子どもたちが帰ってきたときに「こわれている」

「ヘンになっている」と言って、私の所にやってきました。「ごめんね。ヒロは家の中がどんなふうになっているか見たかったみたいなので、見るだけならいいよと約束したのに、こわしたんだね」と言うと、子どもたちはヒロにどうしてこんなことしたのか聞こうということになりました。

話し合いをしながら解決していくことは、子どもたちにとって当たり前のことなのですが、ヒロは自分の気持ちを伝えきれず、暴れて家をこわし始めました。支援員が止めに入ろうとした時に、近くにいた男の子が「ヒロ、このダンボールならいいよ」と切れ端のダンボールを差し出しました。ヒロの気持ちはそちらに向き、戦いごっこが始まりました。剣に見立てたダンボールを振り回し、また、だんだんと興奮していきました。ケガにつながりそうになりました。支援員が「ヒロ、そんなに振り回したら危ないよ」と声をかけると、その様子を見ていた女の子が「ヒロ、これならいいよ」とダンボールの両端を持って、ヒロにパンチをさせました。ヒロはここでも力加減ができず、女の子をいつ殴ってもおかしくない状態が続きましたので、天井からダンボールを吊るし「これでパンチをして遊ぼう」と誘いました。数人の男の子たちとパンチを始めるのですが、また興奮してワンマンプレーになっていきました。その後、風船に代えても同じような状態が続くのですが、けがに繋がらないので見守っていました。おやつの時間まで遊びは続きました。

6、登校へ

このころから、ヒロは友だちの帰りを待つようになりました。学校もあおぞらクラブに通うヒロを見て、教室以外の居場所づくりを考えてくださり、先生の加配もあり、登校の準備が始まりました。

最初、行き渋りが強かったのですが、夜、比較的落ち着いた生活ができる日に、母と時間割を見て行ける時間を自分で選択し行くようになりました。さみだれ登校ですが、短時間でも週に何回か学校に行くようになりました。ヒロの希望で私も一緒に学校で過ごしたり、約束の時間に迎えにいったりが始まりました。

ヒロが学校に行くと、少しでも長く学校にいてもらおうという教頭先生や担任の思いが優先した働きかけをするのでパニックを起こしてしまうなど、行きつ戻りつで2年生が終わりました。

7、3年生のヒロ　自らの育ちの力で

4月から担任が代わり、新しいクラスになりました。毎日ヒロは2時間目までの登校が定着していきました。毎日10時20分に迎えに行くのですが、それを待てずに玄関にいたり、ヒロがいなくて探し回ることも多く、ヒロと待ち合わせの場所を作りました。職員室の中にある応接スペースに決めました。

教室にいなくても2時間目終了のベルが鳴ると職員室に来ます。担任はヒロを教室にしばることをしませんでした。授業中、座っているのが辛くなると、先生に言って教室から出て行きます。本の好きなヒロは主に図書室に行くことが多いのですが、担任は必ず教室に戻ってくると、お互いの信頼関係が作られていました。他の先生方も認めてくれる教室以外の居場所づくりができました。

運動会の徒競走で走る

運動会の練習が始まりました。練習には全く参加しませんでしたが、総練習で3年生の徒競走の時。トラックの外側を何回かみんなと一緒に走っていました。運動会当日「徒競走ならできる」と言って走りました。みんなと一緒に練習をしなくても、自分ができるところを探していたようです。

学童では、新1年生との出会い

学童では、新1年生と遊び始めました。新しく入所してきた子たちはヒロの育ちの弱さを知らないので、そこでは特別ルールはありません。ヒロの好きな大型ブロックで家を作ってその中に入ったり、坂道を作ってビー玉を転がしたりなど、一緒に遊んでいます。当然1年生も自分の考え方や思いをどんどん言っています。一方的にしか話ができない1年生の育ちと自分ルールが優先するヒロはぶつかることが多く、まわりの子は「なかのっち！　大変　ヒロにあんなこと言ってるよ！」とハラハラドキドキしながら、ヒロと1年生の遊びを見ています。今まで安定して遊ぶようになってきたと思っていたのは、ヒロの抱える弱さへの子どもたちの優しさが大きかったことを改めて感じました。

運動会の後も2時間で帰る日が続きました。学校から帰るとひたすら1年生の帰りを待つようになりました。「あと何分で帰るの？」「遅い！」と毎日繰り返している

ので「学校へ行くとお友だちがたくさんいるんじゃないの」と言うと「それはムリ！」と即答です。

そして、1年生との遊びが続くのですが、自分に有利なルールを作ったりズルをしたりする姿が増えていきました。ヒロは年上ということもあり、知恵が回るので、1年生は何となく変だなと思いながらも、流されて遊んでいました。

そのうちに1年生が遊ぶ力を付けてくると、ヒロの一方的で不公平な遊び方に疑問を持ち始め、頻繁に言い合いをするようになりました。ヒロはますます強い口調で一方的に遊びを勧めるようになりました。そのうちに「外で遊ぶから！」と1年生がヒロの誘いを断って外で遊ぶ日が増えてきました。ヒロは一方的なルールづくりやズルにうといショー太を、なんとかつなぎとめようと、自分の持っている宝物をショー太にあげたりしていましたが、一方的な遊び方はかわらず続き、ショー太も泣きながらヒロに不公平な進め方を訴え、外遊びをするようになりました。

自分の世界での一人遊びに戻り始めるのですが、長くは続かず、ヒロが「まって！　まって！　おれも行く」と1年生の後を追いかけ、外遊びをするようになりました。このころになると他学年もヒロを受け入れながらも、ルールを守らないと楽しくみんなで遊べないことをはっきりと伝えはじめていました。外ではフリスビーを独り占めにしたり、ゲームのルールを守らないことが時々起きていたようですが、それも一緒に遊ぶことで、少しずつ減っていきました。ヒロも外でのトラブルが自分で受け入れられない時は、学童にもどり、本のコーナーで気持ちを切り替えて外に出て再び遊ぶことができるようになりました。

ヒロと1年生との出会いは、人間関係づくり、自分の力で気持ちを切り替えて遊ぶ力を作る育ちにつながりました。

8、自分のできることを模索

夏休みに入り、朝からの生活や、お出かけなどで力をつけたヒロは、2学期の郊外学習に行ってみたいと思うようになりました。しかし、「ラーメン工場なら行ってみたいけど、それからはできないと思う。長い時間バスに乗っているのも自信がないし」と、行きませんでした。このころになると、今の自分には何ができて何ができないのか考えることができ、選択したことを言葉で表現し伝えられるようになりました。

学習発表会

秋の大きな行事に学習発表会があります。役決め（オーデション）には参加しませんでした。休みの子がいていくつかのセリフが残っていて、そこから1つ選んだようです。練習が始まりましたが、2時間で帰る日が続いていましたので、ほとんど参加していません。1～2時間目の練習の時には、自分の出る所（代役を立てていた）を確認し、自分にできるかどうか確かめていたようです。「ステージから走って降りるのはいいけど……、転ぶのはむりだな」「セリフは代わりの人が言ってくれるんだ」と話していました。

児童公開日には、ステージには上がらず、児童席に座り見ていました。後ろの席で見ていた私を見つけると走ってきて「もう2時間目が終わったから帰る」と言って、1人で玄関に向かいました。止めても「帰る」の一点張りです。

少し落ち着いてから「ヒロ、聞いてね。ここは学校だから、私がヒロを勝手につれて帰ることはできないの。先生も突然ヒロがいなくなったら心配するでしょう。それで先生（担任）にヒロの気持ちを伝えて相談をしてきてちょうだい」という言葉は聞くことができ、みんなの座っている所に戻り、担任と相談したようです。そして私のところにきて「自分の座っていたイスを教室に片付けたら帰ってもいい」と言ってくれたと伝えてから、椅子を教室に運び、帰り支度をして戻ってきました。このころになると担任の先生とも、ヒロに関してお互いに意図することがわかりあえ、安心して判断をゆだねあうことができるようになりました。

発表会が明後日になった日、ヒロが「ぼく、発表会の衣装を何も作ってない」と言いました。この時、まわりの大人は誰もが「今年の発表会には出ないだろう」と思っていたようです。でも、運動会の時のこともあるので、ヒロの学習発表会へのつぶやきはのがさないように聞き取り、必ずあいづちをうち、学習発表会をヒロの心の中に定着させていくようにしていました。

次の日、学校に行ったときに衣装づくりをしましたが、担任は学習発表会に出ることを強要するのではなく、この衣装を着けて何ができるのかを2人で考え、学童でつぶやいていたことを担任は受け止めてくれました。セリフ無しで、ステージからみんなと一緒に走ってみんなが倒れた時には立っていました。全員合唱の位置も自分で決めたそうです。ヒロは練習の中で〝今の自分はこれならできる〟と考え、自らの力で実行しました。校長先生の隣に座っている私と目が合うとニコッと安堵の笑顔。今までずーっとヒロの中で煮詰めてきたことの達成感も見えたように思いました。

9、自分と向き合う

2年生の時に「自分が切れたら何もわからなくなって、何をするかわからないから切れるのが怖い」と言っていたヒロ。3年生になった秋に「ぼく、1年生の時は少し育ったけど、2年生の時は全然育たなかったと思う。3年生になった僕は、育っていると思うけど……」と独り言のように私に話しかけます。

「人間は失敗をしながら大きくなっていくから、今のままでいいんだよ。中ノッチはどんなヒロでも好きだよ」と伝えました。時々「今のクラスで4年生になれたらいいなー。もしナガティ（担任）のクラスだったら、5年生になってからクラス替えをしたときに「いちょう学級（支援教室）」に行くかもしれない」と話をするようになりました。

冬休み前の2週は自分で決めて4時間目まで学校にいて、給食を食べ当番もするようになりました。週3回ですが、全部だと頑張りきれないからと自分で決めました。

育ちの力を信じて待つことは、自分の力で道を開き、未来に向かって育っていくことを、ヒロの3年間の支援で私たちの保育に確信を持つことができました。今の育ちを大切に、これからもヒロの支援は続きます。

子どもが主人公の学童保育の生活づくり

楠　凡之●北九州市立大学

ここでは、中野裕子と中野範子の2人の実践報告を取り上げて、「子どもが主人公の学童保育の生活づくり」の課題について考察していきたい。

1、中野裕子さんの実践

日々の学童保育実践が、行政による頻繁な方針転換によって、これほどにまで翻弄されることに対して強い憤りを感じるとともに、そんな中でも、子どもを主体とした学童保育の生活を創造するために奮闘されていることに深い感銘を受けた実践報告であった。

ここでは、報告から得られた実践上の示唆をいくつかの観点から整理してみたい。

(1) 子どもの要求を尊重することで、豊かな自治の力が育まれていく

この報告の前半部分でまず感じたのは、高学年の子どもたちが本気になったときの自治の力、企画力のすばらしさであった。

小学校高学年は「集団的自己」(田中昌人)が発展していく時期であり、「大人の手を借りずに、自分たちの手でやり遂げたい」という意欲と、それを実現していくために必要な計画性の力が育っていく時期である(楠、2013、81頁)。

5年生のクリスマス会での「不思議の国のアリス」の劇を、大人の手を一切借りずにやりとげたことで、「自分たちの力でやれるんだ」という集団的な自己効力感を育んだ子どもたちは、指導員が作る「おたより」に触発されて子ども目線でみたユニークな「子ども新聞」を発行したり、夏休みの終わりに行う「ごくろうさん会」での夏祭りやゲームコーナーの企画などを次々と行っていった。

とりわけ6年生の時に企画したリサイクルバザーでは、中野が「今でも感心するような計画書」を書いてくる。田中昌人は12、3歳頃の時期になると、それまでに「集団的自己」を育んできた子どもたちは、自らの活動に必要な「集団的内部規律」を作り上げていく（田中昌人、1987）としているが、このバザーの計画書は子どもたちが自分たちの手で築き上げた「集団的内部規律」でもあったと考えられる。

今日、学校現場では「学力向上と規範意識の徹底」が声高に叫ばれ、とりわけ学校現場では「上からの規範の一方的な押しつけ」によって子どもたちの日々の生活がますます息苦しいものになってきている。しかし、子どもたちの真の意味での規範意識は自らの自治の権利が豊かに保障された時にこそ育まれるものであることを、ここでは強調しておきたい。

(2) 3年生だって自治の力は発揮できる

2006年、市の制度変更で高学年の子どもたちは学童保育（「のびのびルーム」）の対象外になり、学童保育の対象は1年生から3年生の子どもたちのみになった。

「異年齢集団の教育力」という点から考えると、「9、10歳の発達の節目」に到達する前の子どもたちで構成される子ども集団は、自治の力という面では発達的な制約があることは事実であろう。たとえば、学童保育の行事の計画を、低学年の子どもや障害を持つ子どもの思いやニーズも考慮したかたちで作成することは3年生の子どもたちにとってはかなりハードルの高い課題であろう。

しかし、高学年の子どもたちが生き生きと自治活動を展開するのを「憧れのまなざし」で見ていたであろう3年生の子どもたちにとっては、「今度は自分たちの出番だ」と感じて張り切ったのはある意味では当然であり、これまでに見てきた高学年の子どもたちのやり方を模倣しながら熱心に活動に取り組んでいた。その結果、「3年生の○○君は班のみんなをうまくまとめていたよね」

「○○さんの言葉かけ、さすがやった」と言われるまでに3年生の子どもたちは成長していく。やはり自分たちが「主人公」となって活動する機会を保障されることが、9、10歳頃の「他者の視点を適切に考慮しながら計画を立てる力」の獲得につながっていったのではないだろうか。

ただし、高学年の子どもたちの不在は、2015年に49名の新一年生が入所してきた時にはいささかマイナスに作用したかもしれない。新1年生は「すでにギャングエイジ」（中野）というよりも、幼児期の自我・社会性の発達課題を積み残したまま就学を迎えた子どもたちと捉える方が適切ではないかと考えるが、5、6年生の子どもたちが多く在籍していれば、たとえば、三浦の泉台学童保育のように、指導員と一緒になってそのような1年生の子どもたちのケアを熱心にしてくれたのではないだろうか（三浦幹子、2017、192〜193頁）。

高学年の子どもが多くいる学童保育の子ども集団の教育力については別の機会に検討してみたい。

（3）劣悪な保育環境の中でも「子どもたちが主人公の生活」を

2018年は何と169名の児童数でスタートし、しかも、制度変更で再び4年生も学童に在籍することになった。このような相次ぐ制度変更と劣悪な保育条件の中では、ギャングエイジの子どもたちの発達のエネルギーを豊かに発揮、展開していける活動を創造することは極めて困難であり、それは子どもたちの不満と荒れとして現れ、人手不足の中で、指導員の疲労感も蓄積されていく。

このように、子どもたちのありあまるエネルギーを発揮できる機会をなかなか保障できず、それが様々な問題行動で表出されていく苦しい現実の中で、しかし、それでも「子どもたちが自分の意思で学童に来る」のはなぜなのだろうか？　それはやはり学童保育には学校とは違うやわらかな「大人のまなざし」があること、そして問題行動というかたちも含めて、自分の思いをまっすぐに表現できる「居場所」が存在していたからではないだろうか。

何とか子どもたちが活躍できる機会を作り出したいと

いう願いのもと、中野らは「今思っていること」「今やりたいこと」「これからやってみたいこと」を子どもたちに問いかけ、子どもたちも真剣に考えて様々な意見を出してくれている。困難な状況の中でも「子どもの最善の利益」に根ざした取り組みを進めていくためには、子どもの意見表明の機会を保障し、また出された意見を適切に考量していくことが何よりも大切であろう。また、子どもたちの願いや要求に根ざす活動だったからこそ、多忙な中でも多くの保護者が協力し、指導員不足に苦しむ学童保育の実践を支えてくれたと言えるのではないだろうか。

夏休みの最終土曜日に行なわれる「水合戦」では大人も子どもも普段のストレスを発散させるかのように、本気で活動に参加していた。このような全身全霊をかけて遊び込める世界は、「険悪な子ども同士の関係」さえ解決してくれるような力を秘めていた。

この取り組みは学校や職場での「抑圧された日常」を生きることを強いられている子どもや大人にとっても、そんな日常から自分を解放してやる「祭り」のような時間だったのかもしれない。

「施策の壁の厚さに私はたじろぎ、足踏みし、そして後退しそうになる」

そんな苦しい思いを日々抱えながらも、それでも、子どもたちの行動の背後にある「発達要求」を読み取り、保護者と手を携えて「子どもたちが主人公の生活」を保障しようと奮闘する指導員の方々に心から敬意を表したい。

2、中野範子さんの実践

この「育ちの力を信じて待つ」というタイトルに実践家として強い信念を感じさせられた。

発達（development）とは、子どもの中の潜在的な力や可能性が周囲との関わりの中で開花し、展開していくプロセスを意味している。中野はヒロの「育ちの力」を信じ、ヒロの中にある潜在的な力や可能性が周囲との関わりの中で開花し、展開していくプロセスに粘り強く寄り添っている。

ここではこのレポートから学べた保育実践への示唆をいくつかの観点から整理しておきたい。

（1）ヒロの主体性の徹底的な尊重と、他者を支配する行動に対する限界設定

中野は、ヒロ自身の「育ちの力」を信じてヒロの主体性を徹底的に尊重する一方で、しかし、ヒロの姉などへの支配や暴力に関してはしっかりと制止している。

姉のナナはヒロの世話係として、まるで召使いのような生活を強いられており、保育園や母親さえもそれを受け入れしまっていた。しかし、このような姉との関係は、姉自身の発達を疎外するだけでなく、ヒロ自身の自立のプロセスをも大きく妨げるものであろう。

中野はヒロの思いを受け入れ、決して無理強いはせず、あらゆる活動場面でヒロの自己決定の権利を保障していく一方で、ヒロの姉に対するパワハラ的な行動に対してはしっかりと制止していた。すると、当初はそのような中野の指導に反発していたヒロも、やがてはその指導を受け入れるように変化している。

このような「子どもの主体性の尊重と、パワーの濫用に対する限界設定」は、自閉スペクトラム症の子どもに対してだけでなく、人間関係を支配・被支配の関係として学習せざる得なかった被虐待状況に置かれた子どもに対しても極めて重要な実践課題であると考えている。

（2）「不登校」という行動に対する肯定的な意味づけ

中野はヒロの不登校を肯定的に意味づけていたのではないだろうか。周囲の大人が学校の既存の枠組みにヒロを適応させようとすればするほど、ヒロは大きなストレスを抱え、そのストレスを母や姉への暴力として表出していたように思われる。

ヒロは2年の1学期の運動会が契機になり、完全に不登校になっていった。しかし、ヒロの不登校は、自分に対して支配的、抑圧的に関わってくる学校に対するヒロ自身の意見表明でもあったのではないか。「不登校」という行為は、少なくとも学校生活のストレスを家庭内暴力で表出していた状態と比較すると、自らを追い詰めるものを明確に拒否しているという点では明らかに肯定的な変化であったと言えよう。そして、中野もそのことに気づいていたからこそ、不登校になったヒロを学童保育の中で積極的に受け入れ、そこでの生活を通してヒロとの関わりを深めていったように思われる。

（3）興味・関心のある活動を媒介としてつながる、ヒロと他の子どもたちがつながる

中野は見守りの姿勢を維持する一方で、ヒロの興味・関心を引く材料を集め、ヒロの好きな活動を通してつながりを作り出していった。やがてヒロは、「ねえ、見て、見て」とあたかも4歳児のように自分の活動に確認を求めたり、「ねえ、聞いて、聞いて」と自分の思いを聴いてくれる他者として、中野を積極的に求めるようになっている。そこには自分が主体となって取り組める楽しい活動を保障してくれ、また、自分の思いを聴いてくれる中野に対する確かな愛着関係を感じさせるものであった。

中野は思っていることをうまく順序立てて話せないヒロ自身にゆっくりと向き合って、ヒロが自分の思いを言葉にして語る機会を保障すると同時に、うまく言葉にできないヒロの気持ちを読み取って代弁する丁寧な関わりを続けており、これがヒロの「文脈形成力」（楠、2013、75~76頁）を育む取り組みにもつながっていたのではないだろうか。

さらに、中野はヒロとつながるだけでなく、ダンボールでの家づくりなどの具体的な活動を通して、ヒロと他の子どもたちとのつながりを作り出しており、その中でヒロの「友達を求める気持ち」も育まれていった。ただし、友達を求める気持ちは生まれてきても、ASDの発達特性とも相まって、相手の気持ちを思いやることは困難であり、周囲との関わりは一方的なものになりがちであった。また、ヒロは自分の思い通りにならないと相手を攻撃することも繰り返しており、周囲の子どもたちはヒロのそのような言動に対していささか困惑しながらも我慢しながら付き合ってくれていた面もあったように思われた。

しかし、そのような「仲間を求める気持ち」の強まりが、学校の受け入れ態勢の整備と相まってヒロの再登校につながったと考えられる。

ヒロが3年生になり、大量の新一年生が入ってきたことはヒロにとっては大きな意味をもつ出来事であった。仲間と遊ぶ楽しさを学んだヒロは遊び相手を強く求めるようになったが、その関わりは相変わらず一方的なものになりがちであった。しかし、上級生とは違って、1年生はヒロの思いに合わせることは困難であり、ヒロとの関わりを嫌がったり、ヒロが一緒に遊ぶことを1年生か

ら「拒否」されることも増えていった。

しかし、そのことがヒロにとっては、一緒に遊ぶためには、どうしても自分とは異なる相手の思いを受けとめざるを得ないことに気づかされる契機になり、そのことが少しずつではあっても、相手の思いを受けとめて自分の行動や関わりを調整していく力につながったのではないだろうか。言い換えれば、このようなヒロの成長は、中野も指摘する通り、ヒロの仲間を求める気持ちと、はっきり嫌なことは嫌と言える1年生とのつながりと対立の体験なしには起こり得なかったと考えられる。

(4) ヒロの内面の育ち

ヒロは小2の時に「自分が切れたら何もわからなくなって、何をするかわからないから切れるのが怖い」と語っていた。周りから見れば、自分勝手に振る舞っているように見えていたが、ヒロ自身も自分の意志ではコントロールできない衝動性に苦しみ、悩んでいたのである。

しかし、友だちと関わりたいというヒロ自身の願いに支えられて、ヒロ自身が少しずつ、自分の思いと他者の思いに折り合いをつけ、他者との関わりを通して自分をコントロールする力を育んでいったと言えるのではないか。

3年生の秋、ヒロは次のように語っていた
「1年生の時は少し育ったけど、2年生の時は全然育たなかったと思う。3年生になった僕は、育っていると思うけど……」

他者とのつながりを希求するがゆえに、他者のまなざしを通して自分自身を振り返る「自己客観視」の力が少しずつ育ってきたがゆえの言葉であろう。

ヒロは冬休み前の二週間、週三回、四時間目まで学校にいて、給食を食べ、当番もすることを自分で決めて実行している。「全部だとがんばりきれないから」というのがその理由であった。このような自己客観視の力は、中野が、自分の行動を自分で決定する権利をヒロに保障し、ヒロ自身が何度も「行動実験」を繰り返していく中で獲得されてきたものであろう。

ヒロは現在、自分の意思で「行動実験」を何度もくり返しながら、他者との関わりを通した自己理解の力を育んでいるといえよう。

このようなヒロの自己形成のプロセスへの共感的な伴走者としての役割はこれからも続く。そのような共感的な伴走者に支えられて、ヒロが「自分の思いも相手の思いも大切にできる力」を育んでいけることを心から願う次第である。

〈引用文献〉

楠凡之（2013）「子どもの発達と学童保育実践の課題」『学童保育指導員のための研修テキスト』かもがわ出版、第Ⅱ部第1章
三浦幹子（2017）「異年齢集団のなかで育ちあい学びあう」楠凡之・岡花祈一郎・学童保育協会編『遊びをつくる、生活をつくる――学童保育にできること』かもがわ出版、第4章第3節
田中昌人（1978）『人間発達の理論』青木書店、144頁。

子どもの生存権保障と学童保育の可能性
―ヤヌシュ・コルチャックの思想と実践から考える―

大澤　亜里●札幌大谷大学短期大学部

1、本稿のテーマ

本稿では、ヤヌシュ・コルチャック（本名ヘンルィク・ゴールドシュミット、1878-1942年）の思想と実践に言及しながら、子どもの生存権とは、またそれを保障する実践とは一体どのようなものなのかを考えたい。

ヤヌシュ・コルチャックは、児童福祉領域においては、1989年に国連が採択した児童の権利に関する条約（以下、子どもの権利条約とする）の成立に影響を与えた人物として知られている。また一般的には、アンジェイ・ワイダ監督の映画『コルチャック先生』（1991年、日本公開）により、ナチス・ドイツによるホロコーストの犠牲となり、院長を務めたユダヤ系の孤児院ドム・シエロット（孤児の家）の子どもたちと共に生涯を終えたことが知られている。しかし、コルチャックが子どもの権利についてどのように考えていたのか、また彼がユダヤ系の孤児や貧困家庭の子どもたちとどのように関わっていたのかということはほとんど知られていない。

本稿ではまず現在の日本において子どもの生存権保障がどのように規定され理解されているのか整理する。次にコルチャックという人物について、彼が生きた時代のポーランド社会の状況に言及しながら紹介する。その上で彼が主張した子どもの権利のうち、ここでは子どもの生存権に着目してその意味を確認し、さらに彼の思想を体現した孤児院ドム・シエロットにおける実践について見ていく。そして最後に、日本の学童保育実践の可能性について検討したい。

2、子どもの生存権とは

一般に生存権といえば、日本国憲法第25条の「すべて国民は、健康で文化的な最低限度の生活を営む権利を有する」という条文を思い浮かべるだろう。この条文については様々なところで議論されているため、ここでは特に踏み込んで検討しないが、子どもも一人の人間であり、ここでいう「国民」であるため、日本の最高法規である憲法が定めるこの生存権をすべての子どもが有していることは明らかである。では子どもに直接関係する法律である児童福祉法において、生存権はどのように規定されているだろうか。周知の通り、２０１６年の一部改正で第1条が、「全ての児童は、児童の権利に関する条約の精神にのっとり、適切に養育されること、その生活を保障されること、愛され、保護されること、その心身の健やかな成長及び発達並びにその自立が図られることその他の福祉を等しく保障される権利を有する」と改められた。ここから児童福祉法において、子どもの生存権は、子どもの生活のみならず成長や発達の権利として理解されていることがわかる。また日本国憲法の「生活を営む権利」に対し、児童福祉法では「適切に養育されること、その生活を保障されること、愛され、保護されること……」と受身の表現になっており、子どもは権利主体ではなく、保護の客体として捉えられている。ここには子どもは〝発達の可能態〟であるため、その発達段階に応じて特別の保護や配慮を要するという認識があり、それゆえ生活を営む主体というよりも保障してもらう客体という側面が強調されるのではないだろうか。

では次に、児童福祉法が準拠しているという子どもの権利条約は、子どもの生存権をどのように規定しているのか見ていく。前文では、「児童が、社会において個人として生活する」こと、そのために「十分な準備が整えられるべき」であると述べられている。また第6条には「すべての児童が生命に対する固有の権利を有すること」、また「児童の生存及び発達を可能な最大限の範囲において確保する」ことと定められている。このように、子どもを権利の主体と捉える子どもの権利条約では、子どもが生活を営む主体であることを認めると同時に、主体的に生きるために、また発達するために必要な環境が整えられるべきであるとしている。

日本において子どもの生存権というと、保障されるものとして、つまり子どもは行使する主体ではなく保護の客体として議論されることが多いが、以上で見てきたように子どもの権利条約では、子どもがその権利の主体であることがはっきりと示されている。したがって子どもの生存権保障について議論する際には、子どもは「生活を保障される」だけの存在なのか、それとも「生活を営む」主体なのか、子どもが主体的に生きる、生活するとは一体どういうことなのか、その内実を実践のレベルで議論することが必要であると考える。

3、ヤヌシュ・コルチャックとポーランド社会

子どもの権利条約草案の審議にあたった人権委員会ワーキング・グループにおいて議長を務めたポーランド人のアダム・ウォパトカは、コルチャックの子どもの捉え方が現在の子どもの権利条約における子どもの捉え方、つまり権利の主体という子ども観に影響を与えていると指摘している(喜多 1993)。では子どもの権利条約の精神に影響を与えたとされるコルチャックはどのような人物で、どのような生涯を送ったのだろうか。

コルチャックはポーランドがロシア、プロイセン、オーストリアの三国によって分割支配されていた時代の1878年にワルシャワに生まれたポーランド系ユダヤ人である。19世紀末、帝政ロシアの支配下にあったワルシャワでは人口集中とスラム化が進み、孤児や浮浪児が増加していった。また一月蜂起(1863-1864年)の失敗により、帝政ロシアは支配力を強め、それは教育内容の制限など子どもの生活にも影響を与えていた。このような時代の中で、コルチャックは孤児や浮浪児、貧困家庭の子どもが置かれた状況を目にしながら、また権威主義的な学校で教育を受けながら、さらにユダヤ人に対する差別を感じながら幼少期を過ごした。

コルチャックがワルシャワ大学の医学部を卒業し、ユダヤ系の子どものためのベルソン・バウマン小児病院に勤務し始めた1905年にロシア革命が起こり、独立とは言えないまでもポーランドにある程度の自由が保障されるようになった。その結果、孤児や浮浪児などの子どもの保護を目的とする民間団体が多数組織され、コルチャックの活動拠点となる孤児救済協会も1907年に設立された。孤児救済協会は孤児や貧困家庭の子どもに対して適切な生活環境を与え、養育・教育するために孤

児院ドム・シエロットを設立した。1908年に孤児救済協会の会員となり1909年に理事会のメンバーとなったコルチャックは、この孤児院の創設に尽力し、1912年の設立時には小児病院での職を辞し孤児院の院長に就任した。しかし開設から2年が経過した1914年に第一次世界大戦が開戦し、コルチャックは従軍医として招集された。終戦後、ドム・シエロットに戻ったコルチャックは子どもたちとの生活を再開し、また1919年に設立されたポーランド人の子どものための孤児院ナシュ・ドム（私たちの家）の専属医と教育アドヴァイザーを務めた。

第一次世界大戦の結果、ポーランドは独立を回復したが、戦争被害は甚大で膨大な数の戦災孤児を抱えた。ポーランド国家は1921年に三月憲法を制定し、その中で「すべての国民に対して、生命、自由、財産の完全な保護を保障する」（第95条）こと、また「両親の十分な保護を受けられず養育放棄されている子どもは、法で定められた範囲において国家の保護と救済を受ける権利を有する」（第103条）ことを明記した。これに続いて1923年に制定された社会保護法では「乳児、子ども、青年、とりわけ孤児や遺児、養育放棄されている子ども、捨て子、非行少年、有害な環境の影響にさらされている子どもを保護」（第2条）するとされた。このように両法律に規定された生存権では、子どものみならず全ての国民が保護の客体として捉えられている。123年間も植民地下にあり、また第一次世界大戦によって多数の住民が犠牲になったため、全ての国民の生命が保護されるべきと示されたのは当然の結果であろう。また同じ時期、国際的には1924年にジュネーブ宣言が採択され、その中で子どもは保護されるべきであることが強調された。

第一次世界大戦後から1930年代前半まで、コルチャックは二つの孤児院ドム・シエロットとナシュ・ドムでの仕事を中心にしながらも、多数の著作を執筆・出版したり、子どもによる子どものための雑誌を発行し、その編集長を務めたり、ラジオのパーソナリティーを務めたり、教育者を養成する高等教育機関で教鞭を取ったりするなど、様々な分野で活動した。1933年頃には孤児院での実践から身を引くが、1939年に第二次世界大戦が開戦すると、再びドム・シエロットに戻った。ナチス・ドイツが侵攻し、ユダヤ系住民は危機的な状況に追い込まれ、1940年11月にはワルシャワにゲットーがつくられた。ドム・シエロットもゲットー内への移動が命じられ、劣悪な環境での生活を強いられたが、コルチャックは食糧の確保や資金獲得のために奔走し、これまでの生活を何とか維持しようと尽力した。またドム・シエロット内では文化的活動や教育活動が継続して行われていたという。しかし１９４２年７月22日にナチス・ドイツはゲットーの住人をトレブリンカ絶滅収容所に移送し始め、同年８月６日にはドム・シエロットにも移送が命じられた。コルチャックと他の職員、そして子どもたちは、ウムシュラクプラッツと呼ばれた広場に向かって〝最後の行進〟をし、そこから絶滅収容所行きの列車に乗ったと言われている。

４、コルチャックが主張した子どもの生存権

コルチャックは、第一次世界大戦直後の１９１８年に出版された著作『子どもをいかに愛するか―家庭の子ども編（Jak kochać dziecko. Dziecko w rodzinie）』の中で、三つの基本的な子どもの権利を主張した。以下は、その部分の引用である。

私は、自由のマグナカルタを、子どもの権利を訴える。おそらくもっと多くなるだろうが、私は、基本的な三つの権利を見出した。
1．死に対する子どもの権利
2．今日という日に対する子どもの権利
3．あるがままでいる子どもの権利
（Korczak 1918:43）。

コルチャックが「自由のマグナカルタ」と呼ぶこの三つの権利について、コルチャックの思想研究者である塚本智宏、石川道夫、小田倉泉が分析検討しており、三者の解釈はほぼ一致している。ここでは小田倉の分析をもとに、この三つの権利の解釈を見ていく。
一つ目の「死に対する子どもの権利」には二つの意味があるとされ、一つは「早すぎる死に対する権利」で、もう一つはあらゆる経験をしながら「生きる権利」である。乳幼児の死亡率が高かった時代、小児科医であるコルチャックは何度も子どもの死に立ち会い、その中で避けがたい子どもの死があることを理解したと想像する。小田倉は、この「短い生」を可能な限り保障するために、「その対極にある〝死〟を用いて子どもの日々の生の営みを十全なものとすることを目指した」と解釈する（小

田倉 2005:86)。もう一方の解釈に関して、コルチャックは、「死が私たちから子どもを奪い去るのではないかという恐怖心から、私たちは子どもたちから生を奪い取っている。(子どもが)死なないように望みながら、(子どもに)生きることを許していない」と(Korczak 1918:46)、つまり子どもの「死」や「危機」に対する恐れから、大人(親)は子どもに対して過保護になり、発達に必要な経験をさせていないと批判する。ここから「子どもの生き生きとした生を保障」し、また「子どもに経験の機会を与え、更なる危機を乗り越える力を養うことを保障」するためにこの権利を主張したとする(小田倉 2005:86)。

二つ目の「今日という日に対する子どもの権利」に関して、コルチャックは、大人は子どもを「今は存在しないが、いつか存在するものであり、今は知らないが、いつか知るようになり、今はできないが、そのうちできるようになる」と捉えており、また「明日のために、今日子どもが喜んだり、悲しんだり、驚いたり、怒ったり、興味を持ったりすることを軽視している」と批判する(Korczak 1918:46)。そして「今のこの時間を、今日という日を尊重しなさい。今日という日を自覚的に、責任をもって生きることをさせないで、どのように明日を生きることができようか?」と述べる(Korczak 1929:452)。ここから、コルチャックは不確かな未来ではなく「〝現在〟を十分に生きること」を重視しており、またそれが「明日訪れる〝現在〟」、そして「〝現在〟の連続上にある」未来を充実させるために必要だと考えていたと解釈する(小田倉 2005:88)。

三つ目の「あるがままでいる子どもの権利」に関して、コルチャックは次のように述べる。「いつ子どもは歩き始め、話し始めるべきなのか。それは、子どもが歩き始め、話し始める時である。歯はいつ生え変わるべきなのか。それはまさに歯が生え変わる時である。また(赤ん坊の)泉門は、閉じる時に閉じるべきなのだ。そして赤ん坊は、彼にとって必要な時間だけ寝るべきなのである」と(Korczak 1918:42)。ここから、小田倉は「今ある子どもの状態、またその時々の状態」をあるがまま受け入れることの必要性と、「子どもの固有の価値」を尊重することの必要性を訴えていると解釈する(小田倉 2005:90)。

以上、子どもが発達に必要なあらゆる経験をしながら生きること、充実した今を生きること、あるがままに生きることを主張したこの三つの基本的な権利は、子どもの生存権と理解できる。コルチャックの思想におけるこれら子どもの生存権は、子どもが行使するものであり、大人はこの権利を侵害しないよう、また保障するよう求められた。ではこのような思想のもと、コルチャックは孤児院ドム・シエロットにおいてどのような実践を行ったのだろうか。

5、孤児院ドム・シエロットにおけるコルチャックの実践

先述のように、コルチャックは1912年からホロコーストの犠牲になる1942年までユダヤ系の孤児院ドム・シエロットの院長を務めた。ドム・シエロットには、7歳から14歳までの孤児および貧困家庭の子ども約100人が在籍していた—戦時中は可能な限りで多くの子どもを受け入れたため150人から200人が在籍していた—。コルチャックは、子どもたちがより良い生活や人生について学ぶこと、そして子どもたちが大人の管理監督から解放されることを目指して教育実践を行った。この実践は、子どもたち自らが生活している場の運営に従事し、仲間や職員と共同しながら生活することを重視したものであった。紙面の制限上、ドム・シエロットにおける教育実践すべてを紹介することができないため、ここでは生活の場を運営する上で特に重要な役割を果たした〝係り仕事〟と、裁判制度および議会制度について見ていく。

(1) 生活に必要な家事仕事を子どもたちが担う〝係り仕事〟

ドム・シエロットの職員は院長のコルチャックと教育主任のステファニア・ヴィルチンスカの他に、管理人と調理婦、洗濯婦のみであったため「100人の子どもを100人の働き手」にし、それぞれの「年齢や持っている力、質、才能、好みに応じて協力」することが必要であるとされた(Pamiętnik 1913:25)。そこで導入されたのが生活に必要な家事仕事を子どもたちが担う〝係り仕事〟である。しかしコルチャックが主張するように、それは「使用人の賃労働にとって代わるようなものではなく、子どもたちを養育し、教育する」ものであり(Korczak 1920:287)、そのために〝係り仕事〟の内容や実施方法を吟味し、試行錯誤しながら取り組まれた。

〝係り仕事〟の内容は多岐にわたり、寝室や遊戯室、

洗面所やトイレなどの掃除、調理、配膳、食器洗いなどの日常的な仕事から、定期的に行われる衣類の配布や布団干し、また雪かきのようにある時期にだけ行われる仕事まで様々であったが、どれも孤児院の生活に必要なものばかりであった。毎月の終わりに、誰がどの仕事を担当するかについて話し合いが行われ、子どもたち自身が希望を出し合いながら決めていたが、子どもたちが好まない仕事、例えばじゃがいもの皮むきや寝室の床磨きなどについては担当者が決まらなかったため、当番制にしたり、担当者を調整したりすることもあったという（Wilczyńska 1920）。またコルチャックは「各自が自分自身を監督すべきだが、生活において、いつも全てが然るべき通りにいくわけではない。ある割合で怠慢な労働者、不誠実な労働者、軽率な労働者が存在するように、それは子どもの中にもいる。とは言え、監督するだけでなく、誰かが教えたり助けたりもしなければならない」として（Korczak 1920:289）、それぞれの係りを管理監督したり、年少の子どもの手助けをしたりする責任者の子どもを、地下と地上3階からなる建物の各階に配置した。

このようにドム・シエロットでは子どもたち自身が生活に必要な様々な仕事を各自の「年齢や持っている力、質、才能、好みに応じて」担い、それを通して仲間と共に生活すること、生きることを学んでいた。また責任者の子どもが担当区域の係りを監督したり手助けしたりすることで、大人の管理監督から子どもを解放した。

(2) 生活上の様々な問題解決や決定を行う裁判制度と議会制度

ドム・シエロットには、生活上の様々な問題を解決したり決定したりする機関として、〃仲間裁判〃と〃裁判評議会〃、そして〃議会〃があった。〃仲間裁判〃とはドム・シエロットの生活をより良くするために、様々な問題を子どもたち自身が解決する場であり、子どもが子どもを訴えるだけでなく、職員が子どもを訴えることも、逆に子どもが職員を訴えることもできた。〃仲間裁判〃は週に一度行われ、裁判官はその週に誰からも訴えられなかった子どもの中からくじ引きによって選ばれた。裁判官は原告と被告の言い分や第三者の証言をもとに審議し、コルチャックが作成した〃仲間裁判法典〃に従って判決を下した。この〃裁判法典〃の冒頭に、「もし誰かが悪いことをしたら一番良いのは許すこと、そして彼が改善するまで待つことだ」と記されているように(Korczak 1920:298)、裁判は過ちを犯してしまった者を罰するためではなく、許し改善させるために導入された。したがって、〝裁判法典〟の第1条から第99条までは無罪とする判決文であった。〝仲間裁判〟で解決に至らなかった問題や、判決に納得がいかず控訴された件については、投票によって選ばれた子ども4人と、議長および書記役のコルチャックとヴィルチンスカで構成される〝裁判評議会〟で審議された。
〝議会〟は生活上の様々な問題について審議し決定する場であり、議員の子ども20人は選挙によって選ばれた。〝議会〟は二週間に一度開催され、子どもだけでなく職員も守るべきドム・シエロットの規則をつくったり、特別の権利や例外を認めたりした。これら裁判制度と議会制度の意義について、コルチャックは次のように記している。

子どもたち自身が統治しなさい。もしうまく統治できれば彼らにとって良いものになるだろう。もしうまく統治できなければ、彼らにとって悪いものになるだろう。したがってうまく統治することを学び、注意深くなるだろう。彼らにとって良くなってほしいだろうから。(中略)私たち大人は子どもについて多くを知っているが、間違うこともある。しかし、子どもは自分にとって良いか悪いか分かっている。それぞれが落ち着いて眠ったり、落ち着いて祈ったり、落ち着いて食べたり、勉強したり、遊んだりできるようにするためにどうしたらいいのか、議会が協議しなさい。一方がもう一方に嫌がらせをしたり、邪魔をしたり、叩いたり、ごまかしたりしないためにはどうしたらいいのか、議会が協議しなさい。私たちのところで涙や不平がなく、愉快であるためにはどうしたらいいのか、議会が協議しなさい(Korczak 1921:238)。

コルチャックは、子どもにとって良い生活とはどのようなものなのかは大人よりも子どもの方が分かっており、より良い生活をつくっていくために子どもたちは話し合い決定することができると考え、それを実現する仕組みとして裁判制度や議会制度を導入した。子どもたち自らが問題を解決したり決定したりすることは、コルチャック自身も認めるように、子どもにとって楽しいことではなく、責任の重い大変な任務であった。しかし、「子どもたちは正直であり、真剣な問題についても喜んで協議することができる」と述べているように（Korczak 1927:266）、コルチャックは子どもたちの力を確信していた。

以上に紹介した〝係り仕事〟、裁判制度、議会制度のみならず、ドム・シエロットでは実に多様でユニークな実践が行われ、それら全体を通して子どもたち自身が生活の場を運営していた。もちろんここに職員の援助や介入がなかったわけではないが、コルチャックは生活の場を統治する子どもの力を徹底的に信じていた。また子どもたちが決めた規則に従って大人も生活をするところに、子どもを大人の管理監督から解放し、従来の大人と子どもの関係を変えようとするコルチャックの意図があった。このようにドム・シエロットの生活は大人によって保障されるだけのものではなく、子どもたちが主体となって営むものであった。

6、学童保育実践の可能性

では日本の学童保育において、これまで生存権はどのように議論されてきたのか、またそこではどのような実践が行われてきたのだろうか。石原剛志氏は、家庭の経済的な理由により学童保育所を利用できない子どもの存在に言及しながら、放課後および学校休業日における生活を保障する学童保育の意義を子どもの生存権保障という視点から検討している。その上で、生存権を子ども自身の権利として捉えることを提起しているが、それはコルチャックが主張し実践したような子どもが主体として生きるという意味ではなく、子どもの放課後の生活保障を家庭の問題ではなく国家の問題とするために、子ども「個人の資格にもとづいて」それを国家に要求する主体として捉えるということであった（石原 2012:132）。増山均氏は、各地の学童保育では自治的・集団的な活動が目指されていること、また子ども主体の生活づくりが学童保育実践に求められていることを指摘する（増山 2015）。学童保育が誕生してから現在に至るまで、「生活づくり」や「居場所づくり」の実践が行われてきたが、そこでは真に子どもが主体となっていただろうか。

学童保育所は、学校における大人と子どもの関係、つまり教える教師─教えてもらう児童という関係から解放された放課後や休業日の生活を営む場である。このように教師による教科教育重視の学校ではなく、大人と子どもの共同生活の場である学童保育所だからこそ、子どもが主体となって生活すること、例えばコルチャックの思想に従って言えば、様々な生活体験をする、将来のためではなく充実した今の生活をつくる・過ごす、ゆっくり休んだり思い切り遊んだりありのままでいるなどといったことができるだろう。そのためにも権利の主体として子どもを捉え直し、子どもが主体となって生活すること、生きることについて考え、また私たち大人は子どもの力をどこまで信じているか、大人の方が分かっていると錯覚していないか自問しながら、大人・指導員と子どもの関係について考えていくことが必要であるだろう。

【引用・参考文献】

石原剛志（2012）「子どもの生存権保障としての学童保育」所収『現代日本の学童保育』旬報社 pp.113-138
喜多明人（1993）「なぜ、ポーランドは子どもの権利条約を提案したのか—条約の意義についてアダム・ウォパトカ氏に聞く」『季刊教育法』第92号、pp.17-22
Korczak Janusz（1918）*Jak kochać dziecko. Dziecko w rodzinie*, 所収 *Janusz Korczak Dzieła tom7*, Warszawa 1993, pp.7-136
Korczak Janusz（1920）*Jak kochać dziecko. Dom Sierot*, 所収 *Janusz Korczak Dzieła tom7*, Warszawa 1993, pp.269-357
Korczak Janusz（1921）*Sejm i Sąd・. Kodeks Sądu Koleżeńskiego w Naszym Domu w Pruszkowie*, 所収 *Janusz Korczak Dzieła tom11-1*, Warszawa 2003, pp.236-245
Korczak Janusz（1927）On się nie gniewa, *Mały Przegląd*, 所収 *Janusz Korczak Dzieła tom11-2*, Warszawa 2007, pp.266-268
Korczak Janusz（1929）*Prawo dziecka do szacunku*, 所収 *Janusz Korczak Dzieła tom7*, Warszawa 1993, pp.429-462
増山均（2015）『学童保育と子どもの放課後』新日本出版社
小田倉泉（2005）『ヤヌシュ・コルチャックの生と教育思想に関する研究—子どもの権利思想に基づく教師教育論構築を目指して』東京学芸大学大学院連合学校教育学研究科
Pamiętnik Towarzystwa "Pomoc dla Sierot" w Warszawie za rok 1913, Warszawa 1914
Wilczyńska Stefania（1920）*Dyżury w Domu Sierot*, 所収 *Stefania Wilczyńska Słowo do dzieci i wychowawców*, Warszawa 2004, pp.174-181

子どもの権利と学童保育

河村　学●弁護士

1、はじめに――子どもの権利に関する歴史的な経緯

子どもは、昔、「小さな大人」と考えられていた。子どもは、肉体的・精神的に未熟な人間であり、その発達段階に応じ、大人に比例して、生活と労働の義務を引き受ける存在であった。そして、家族などの経済単位が総出で自らの生存を維持しなければならない経済状態のもとでは、その位置づけは必然であった。一方、その頃の子どもは義務を引き受けている限り干渉されることはなく、大人からは相対的に自由であった。

産業革命等により飛躍的に社会の生産力が向上し、資本主義社会が生まれるなかで、子どもには特別な位置づけが与えられた。すなわち、子どもは将来の労働力として必要な範囲で特別な保護と教育を受けるという位置づけである。子どもは発達段階に応じた主体から、大人が発達させるべき客体と認識され、大人と子どもは明確に区分され、生活と労働の義務を引き受けさせない代わりに、大人に服従させるという子どもの不自由が進行した。一方、資本主義経済の発展性・多面性に応じて、子どもを教育すべき範囲は拡大し、子どもの全人格的発展の可能性は広がった。ルソーの教育論は、古い慣習や種々の制約・規制がその発展を阻害することを述べたもので、アダム・スミスのような自由主義的経済思想に対応するものといえる。こうした特別な位置づけが「子どもの発見」と説明された。

その後、資本の寡占化、分業と機械化が進行する中で、将来の労働力としては全面的な発達・教育は必ずしも必要とされず、教育の競争と格差が実態として進行していった。しかし、一方では、資本主義が多かれ少なかれ前提せざるを得なかった国民主権・民主主義理念の広がりのもと、発達・教育観は独自に進化し、「将来の主権者としての子ども」を育てるという位置づけがなされ、次代を担う子どもとしての発達保障が理念的に追及されてきた。これには、数度の戦争とこれに対する深い反省が大きく影響した。

そして、今、こうした矛盾を抱えながらも、さらに進んで、主として戦後に広がった個人の尊重理念のもと、子ども観を大きく変化させる動きが現れてきている。それは、必要な保護と教育が保障されながらも、大人の客体ではなく、大人から相対的に自由に、個人として生きる主体としての「子ども」という位置づけである。そして、この理念を、当時の到達として、世界規模で共有したのが、「子どもの権利」に関する条約である。

「子どもの権利」はこうした世界史的な流れと理念のうちに認められたものであり、その根幹は、「子ども」は、大人とは区別しつつ、大人と同じ主体的な人格として、社会的に個人として尊重されるという点にある。

2、子どもの権利にいう「権利」とは

(1) 権利とは

「権利」という言葉は、さまざまな意味合いで用いられているが、一般には、相手方に対して、すること、しないことを要求できるということであり、権利を行使された相手方はこれを受け入れ従わなければならないということである。

ロビンソンクルーソーのように無人島で生活していたり、誰かと生活していても何でも思い通りになるのであれば、権利という言葉はいらない。権利とは、誰か（人でも、法人でも、国・自治体でもよい）が自らのしたいこと、したくないことを制限しようとする場合に、その制限を取り払い、その希望を実現するための仕組みである。

(2) 権利と法

また、権利とは、法律によってはじめて認められると考えられがちだが、それは誤りである。憲法に規定する基本的人権は、個人がこの社会の中で有する固有の権利である。国家が認めた範囲で個人の権利があるのではなく、個人はもともと権利（自由）を有しており、その制約は、憲法で許容している範囲にとどまらなければなら

ない。この点は、大人も子どもも同じである。

よく、憲法は国家を縛るものであり、権力の行使は憲法によって制限されているなどと言われるが、国家には「自由」も「権利」もなく、「国家の自由や権利が憲法によって制限されている」わけではない。もともと国家は憲法が認めた範囲でしか存在が許されないものなのである。

（3）権利と義務

さらに、「権利には義務が伴う」とか、「権利を行使するものはまず義務を履行すべき」などと言われるが、これも誤っている。

確かに、売買契約をした場合には、買う権利に対して売る義務があり、代金請求権に対して代金支払義務がある。また、交差点では、赤信号で停止する義務と、青信号を優先的に進行する権利が現われる。これらは、立場が変われば、権利者と義務者とが入れ替わるお互い様の関係である。こうした場合、権利と義務は対である。

しかし、国・自治体に表現の自由（権利）を主張する場合など先ほど述べた個人の固有の権利に属する事柄には義務は伴わない。国・自治体は一方的にその権利行使を受け入れなければならないのである。ちなみに、国・自治体への権利行使は、納税や労働の義務を負担して初めて行えるというような俗説もあるが、それは国家と個人との関係が何も判っていないか、あるいは意図的に個人の自由や権利行使を抑圧するために用いられているものであるから注意が必要である。

また、このような関係は力関係がはっきりしている私人間でも起こりうる。例えば、労働者と使用者の関係では、労働基本権の行使に何らの義務も伴わないし、大人と子どもの関係においても子どもには義務は伴わない。

以上のように、①権利とは相手方に対し個人の希望を実現するよう要求できる仕組みであること、②権利には、個人がもともと持っている基本的人権と、これを損なわない範囲で法律によって認められている権利があること、③お互い様の権利には義務が伴うが、そうでない場合には権利しかないこと、をまずは押さえる必要がある。

3、子どもの権利の根拠

子どもも人格を持った個人であるから、基本的人権の享有主体であり、憲法が定める種々の人権を当然に有している。

また、日本は、１９９４年4月22日、子どもの権利条約を批准しており、この条約は国内的にも法的効力を有している。日本は、批准に際し、「この条約に定められている種々の権利については、…憲法を始めとする既存の国内法令で既に保障されており、この条約の実施のためには、新たな国内立法措置は必要としないとの結論に達した。」とし、条約批准に伴い「子どもの権利」を新たに整備しなかった。

ただ、2016年の児童福祉法改正により、第1条を、「全て児童は、児童の権利に関する条約の精神にのっとり、適切に養育されること、その生活を保障されること、愛され、保護されること、その心身の健やかな成長及び発達並びにその自立が図られることその他の福祉を等しく保障される権利を有する」とし、第2条を「全て国民は、児童が良好な環境において生まれ、かつ、社会のあらゆる分野において、児童の年齢及び発達の程度に応じて、その意見が尊重され、その最善の利益が優先して考慮され、心身ともに健やかに育成されるよう努めなければならない」とすることにより、子どもの権利の理念が明確化された。

この理念は、子どもに関わる各分野において具体化されているとは言い難いが、いくつかの法律により個々的に権利が認められている場合もある。

以下では、権利の性格から、子どもの権利について考えていきたい。

4、子どもの個人としての権利

(1) 幸福追求権と平等権

ア　子どもも、大人と同じ一個の個人として、この国において「個人として尊重」され、「生命、自由及び幸福追求に対する……権利」を有する(13条)。
ここで重要なのは、子どもは、大人と同じ権利を有していること、個人として尊重されること、幸せを追求する権利を有しているということである。子どもの権利は大人に劣るとか、子どもは大人から育てられるべき客体であるとか、大人への準備期間として大人になるために生きる存在であるとか、そういう観念は憲法にはない。一人の子どもは、その子ども自身の現在の生活において、幸福を追及する権利を有しているのである。

例えば、体罰というものを考えてみよう。子どもも大人と同様に個人の尊厳をもっているのであるから、大人(保護者)は子どもを殴っていい、叩いていいということにはならないし、侮辱してよいとか、貶めてよいとかいうことにはならない。躾け(教育)という理由が挙げられる場合もあるが、暴力・強迫による躾け(教育)は、個人の独立した人格を否定するもので認められないというべきである。大人には子どもを所有物のように扱う権利はないし、個人の尊厳を冒す行為に対しては、国家・自治体が法によりこれを取締り、規制することができる。子どもの虐待などが刑罰法規、児童虐待防止法等の対象になるのはそのためである。この点、子どもの権利条約では、「締結国は、（両）親、法定保護者または子どもの養育をする他の者による子どもの養育中に、あらゆる形態の身体的または精神的な暴力、侵害または虐待、放任または怠慢な取扱い、性的虐待を含む不当な取扱いまたは搾取から子どもを保護するためにあらゆる適当な立法上、行政上、社会上および教育上の措置をとる」としている。

また、教育というものを考えてみよう。教育は確かに子どもに対し、知識と経験を習得させ、人生を豊かなものにするため、また、主権者として社会の種々の決定に参加するために必要なものである。ただ、大人から育てられる客体として、大人への準備のために現在を犠牲にさせる教育は、子どもの発達の観点からも誤りであるとともに、子どもの幸福追求権を阻害するものといえる。この点、ルソーは「エミール」においてこう言っている。「不確実な未来のために現在を犠牲にする残酷な教育をどう考えたらいいのか。子どもにあらゆる束縛をくわえ、遠い将来におそらくは子どもが楽しむこともできない、わけのわからない幸福というものを準備するために、まず子どもをみじめな者にする、そういう教育をどう考えたらいいのか。たとえ、そういう教育が目的においては道理にかなったものだとしても、たえがたい束縛をうけ、徒刑囚のように、たえず苦しい勉強をさせられ、しかも、そうした苦労がいつか有益になるという保証もない、かわいそうな子どもを見て、どうして憤慨せずにいられよう。快活な時代は涙とこらしめとおどかしと奴隷状態のうちにすごされる。あわれな者は、自分のためだといって苦しめられる。……」と。

子どもは、大人と同じ尊厳を持ち、現在の幸福を追求する主体であることを忘れてはならない。
イ　個人は、それぞれに尊厳をもって生きることができ、その尊厳には優劣がない。憲法14条の法の下の平等は、個人の尊厳、個人の幸福追求に優劣はないということからの当然の帰結である。なお、ここでいう「法」とは、法律・条例という意味ばかりでなく、その法律・条例の内容も、個人を平等取扱いしたものでなければならないことを意味する。
子どもについても同様であり、子どもの権利条約では、「締結国は、その管轄内にある子ども一人一人に対して、子どももまたは親もしくは法定保護者の人種、皮膚の色、性、言語、宗教、政治的意見その他の意見、国民的、民族的もしくは社会的出身、財産、障害、出生またはその他の地位にかかわらず、いかなる種類の差別もなしに、この条約に掲げる権利を尊重し、確保する」としている（2条）。

(2) 自由権

ア　子どもの権利という場合（大人でも同じであるが）、その性質から大きくは自由権、社会権に分かれる。前者は、文字通り、自由であることを妨げられないということであり、後者は、個人の尊厳を保つために他者に対して何らかの行為を要求できるということである。
イ　自由権については、憲法上、思想信条の自由（19条）、信教の自由（20条）、集会・結社・表現の自由・通信の秘密（自由）（21条）、学問の自由（23条）、人身の自由（18条）、居住・移転及び職業選択の自由、外国移住および国籍離脱の自由（22条）、財産権の保障（29条）などが明記されている。
個人は本来的な自由なのであるから、個別に明記されている自由のみならず、一般的に、自分の人生を好きなように生きる自由があり、ここに挙げられているものは、歴史的に、特に国家・自治体によって不当に制限を受けることが多かったので、明記されたものである。したがって、個別に明記されていないものであっても、幸福追求権の一内容として、プライバシーの権利、自己決定権、肖像権、名誉権等の権利などが認められている。

自由権は、表現の自由を例にとれば、個人が自らの意見を述べたり、ビラにして配ったり、音楽や絵画を通じて発表したりなどの自由を国家・自治体が妨害してはならないという権利である。ただこの権利は個人それぞれが有しているので、一方の自由が他方の自由を侵害する場合が出てくる。同じ公園で、複数の人が同時にハンドマイクで話し始めた場合、一方の表現のせいで他方の表現ができなくなるというような場合である。この場合、本来、譲り合い順番を決めて行えればよいのであるが、そうもいかなければ国家・自治体が、公園での表現活動に最小限度の規制を設け、それぞれの表現行為が円滑にできるようにすることがある。このような規制のみが許されるというものである。もちろん、国家・自治体の政策に反対しているからとか、それらに都合が悪いからという理由で規制をすることはできない。

一方、自由権の中でも、経済的自由に関するものについては、社会を構成する個人の福祉のために規制することも可能と考えられている。
ウ　これを子どもについて考えた場合も同様である。子どもにも思想信条の自由等先ほど述べた自由がある。この点、子どもの権利条約においては、子どもに着目して具体的に記述している。
すなわち、表現・情報の自由（13条1項）では、「子どもは表現の自由への権利を有する。この権利は、国境にかかわりなく、口頭、手書きもしくは印刷、芸術の形態または子どもが選択するあらゆる方法により、あらゆる種類の情報及び考えを求め、受け、かつ伝え自由を含む」としている[1]。3年ほど前に、文科省が高校生の政治活動を制限する通達を出したが[2]、これは憲法、子どもの権利条約の理解に乏しく、子どもの権利を蔑ろにする通知であるということができる。

また、プライバシィ・通信・名誉の保護（16条1項）では、「いかなる子どもも、プライバシィ、家族、住居または通信を恣意的にまたは不法に干渉されず、かつ、名誉および信用を不法に攻撃されない」としている。

その他、思想・良心・宗教の自由（14条）、結社・集会の自由（15条）等の規定も設けられている。

子どもだからといって、こうした権利から除外されているということはなく、国家・自治体はもとより、保護者であっても、これらの権利を奪ってはならないのである。

（3）社会権

ア　憲法上、社会権としては、生存権（25条）、教育を受ける権利（26条）、労働に関する権利（27条、28条）がある。例えば、生存権は、「すべて国民は、健康で文化的な最低限度の生活を営む権利を有する」とされており、国民は誰しもが、健康で文化的な生活の保障を国家・自治体に要求できる。
また、国会議員や自治体の首長・議員を選出する権利である参政権（15条）や国家等に要求できる権利として、請願権（16条）、裁判を受ける権利（32条）、国家賠償請求権（17条）、刑事補償請求権（40条）などが認められている。
イ　子どもについても基本的には同様である。子どもにも健康で文化的な生活を保障しなければならないし、また、教育を受ける権利も当然にある。
教育を受ける権利は「権利」であって義務ではない。子どもは教育を受け得る環境とその意思を実現するための物的施設・経済的援助等を受ける権利を有し、かつ、この権利を、「その能力に応じて、ひとしく」受け得るのである。家庭の経済的格差によって差別してはならないし、学力が低いからといって子どもを切り捨てはならない。また、普通教育は無償とされており、国家・自治体は、子ども・保護者からお金を徴収してはならない。この点、子どもの権利条約は、高等教育についても「すべての子どもが利用可能でありかつアクセスできるものとすること」を要求している（28条C項）。

一方、子どもには教育を受ける義務はない。「義務教育」という言葉があるが、憲法が求めているのは、「すべて国民は、法律の定めるところにより、その保護する子女に普通教育を受けさせる義務を負ふ」ということで、義務を負うのは国・自治体であり、保護者である。

また、子どもにも労働の権利はある。ただ、この点に関しては、憲法自身が制約を設けており、労働に関し「児童を酷使してはならない」（27条3項）としている。労働基準法ではこれを受けて、満15歳に達した日以後の最初の3月31日が終了するまで、児童を労働者として使用してはならないとし（同法56条1項）(3)、また、満18歳に満たない者について労働時間等に一定の規制をしている（57条から64条）。なお、子どもが労働する場合、その子どもは保護者から独立して賃金を請求することができ、保護者は代わりに賃金を受け取ってはならないとされている（59条）。

他の権利も、子どもも同様に認められる（例えば、子どもも請願権を行使して、国家・自治体に対し施策の実施を要請することができる。子どもたちは、学童保育の存続を求めて請願権を行使することができるし、その場合、国家・自治体はこれを「受理し誠実に処理しなければならない」（請願法5条））。ただ、参政権については、憲法上、「成年者」の権利としており、未成年者は除外されている(4)。

5、子どもの「子ども」としての権利

（1）以上のように、憲法に掲げられている権利は大人と子どもが共通に享受するものがほとんどであり、それは尊厳を有する個人としては対等な存在とされていることからは当然のことである。
「遊びをせんとや生まれけむ……」と詠まれた（梁塵秘抄）子どもには遊ぶ自由も当然にある（大人にもある）。川を泳ぎ、虫を取り、絵を描き、サッカーをし、野山や町中を探検し、猫や犬と戯れる自由があり、また、気持ちのよい堤防で何もしないで風に吹かれている自由、昼寝をする自由などもある。その時々にその子どもが一番楽しいと思うこと、やりたいと思うことをする権利、しない権利が存在するのである。

（2）ただ、子どもは、身体的・精神的な発達途上にあり、経済的にも自立していないことが多いため、自らの幸福を追求しようと思っても十分に行い得ない場合が多い。そのために、社会として適切に健やかな育ちを見守りつつ、その子どもの幸福追求権を保障していくための諸制度が設けられている。この中には、教育に関する普通教育の無償など憲法自体が規定するものもあれば、保護者の法定代理人制度など子どもに代わってその実現を図るシステム、児童手当等の経済的諸制度や乳児院・保育所・学童保育など子どもの発達と生活を見守る諸制度等法律で認められたものもある。
これらはすべて、大人と異なり「子ども」であるがゆえに特に認められているものであるが、それが認められているのは、保護者のためでも、社会のためでもなく（ましてや国家や自治体のためであるはずがない）、子ども個人の尊厳と幸福追求権を十分に保障するためである。

そして、子どもの権利条約は、こうした「子ども」に特に認められている諸制度を大人の子どもに対する配慮や保護という観点から認められたものではなく、子どもの権利を実現するという観点から認められたものと捉え直すのである。
（3）生命権を例にとってみよう。子どもの権利条約では、「すべての子どもが生命への固有の権利を有することを認める」（6条1項）とされている。この生きる権利（自由）は、大人も子どももともと持っている権利（自由）である。ただ、子どもには自立して生活できる身体的・精神的・経済的力量がない場合が多いため権利があるというだけでは生きられない。そこで、子どもがどんな場合でも生きられるための諸制度（前記のようなもの）が認められている。これらの諸制度を、子どもが可哀想という理由で恩恵的に作られたとみるのではなく、子どもには生きることを国家・自治体に要求する権利があり、これに対応して国家・自治体が作ったものとみるのである。その対応が不十分であれば、子どもに対する生命権を侵害するものとして、国家・自治体は批判にさらされることになる。
また、遊びの権利（自由）を例にとってみよう。この点、子どもの権利条約は、「締結国は、子どもが、休息しかつ余暇をもつ権利、その年齢にふさわしい遊びおよびレクリエーション的活動を行う権利、ならびに文化的生活および芸術に自由に参加する権利を認める」（31条1項）としている。その意味は、単に大人と同様に休息する自由があるとか、レクリエーション的活動を行うことを妨げられないとかいうだけの意味ではない。この条文は、子どもについては、大人にはない特別な施設・人員・経済的な援助をもって、さまざまな遊びなどに触れる機会を、子どもの権利として保障するということを意味しているのである。

このように、配慮・保護の客体とみるのでなく、自らの幸福を追求する権利の主体として明確に位置づけたものが子どもの権利条約である。

そして、この権利に対応する国家・自治体その他子どもに関わるすべての機関・施設・個人が負うべき責務の程度が「子どもの最善の利益が第一次的に考慮される」という基準である（3条）。
（4）また、子どもには権利があるといっても、その権利保障や、「最善の利益」の内容を考え、その責務を果たす者や、逆に、子どもに代わってその権利保障の不十分を批判し、権利の実現を求める者は、多くの場合他人である大人である。しかし、それは、その大人たちが描く子どもの幸福であって、その子ども自身の幸福追求とは一致しない場合も多く、その場合、子どもの権利実現は心許ないものになる。
そこで、子どもの権利条約では、子ども自身の意見表明権を認めている（12条）。すなわち「締結国は、自己の見解をまとめる力のある子どもに対して、その子どもに影響を与えるすべての事柄について自由に自己の見解を表明する権利を保障する。その際、子どもの見解が、その年齢および成熟に従い、正当に重視される」としている。

誰のものでもない子ども自らの幸福について、自らが意見をいう権利（自由）があること、権利があるというだけでは、大人の都合でその権利が軽視されたり、権利行使を阻まれたりするため、制度としてこれを保障し、その意見は重視されるべきことを求めているのである。

子どもに関わるすべての事柄を決めるには、子どもの意見が重視されるのであって、それは、国家・自治体の施策のみならず、施設・個人と子どもとの関わりの中でも同じである。

6、子どもの権利と学童保育

（1）以上のような子どもの権利から学童保育を考えた場合、学童保育が、子どもの教育を受ける権利や、遊ぶ権利に応える国家・自治体の責務として設置されているものであることが判る。「放課後児童クラブ運営指針」は、学童保育を「保護者が労働等により昼間家庭にいないものに、授業の終了後（……）に児童厚生施設等の施設を利用して適切な遊び及び生活の場を与え、子どもの状況や発達段階を踏まえながら、その健全な育成を図る事業である」としているが、正確には、遊び、生活する子どもの権利を保障する場と言い換えることができる。

この学童保育の施設・人員配置、保育内容は、「子どもの最善の利益が第一次的に考慮され」たものでなければならないし、その実現は、国家・自治体、そして学童保育に関わる関係者の子どもに対する責務である。
（2）また、学童保育で実際に行われる内容は、子どもの幸福追求権に合致したものでなければならず、そのためにも子どもが意見表明する機会を保障し、またその意見を正当に重視しなければならない。
これは、個々の保育実践についてもいえることであり、学童保育指導員は、その年齢および成熟にしたがって子どもたちの意見を重視しなければならない。運動会や日々の遊び、片付け・食事など、一切のことについてである。もちろん子どもの意見には、事実認識の誤りや、未熟で不十分な内容などを含んでいることがある。しかし、その場合でも、できる限り子どもの意見を尊重し、誤りがあれば気づきを促し、子どもが自ら発達していくことを見守ることこそ求められる。
（3）学童保育の子どもたちは、それぞれに尊厳を有する一人の個人であり、現在では、子ども自らが幸福を追求する権利を有し、その保障を社会に要求できる主体である。

〈注〉
（1）翻訳は国際教育法研究会の訳によっている。この条約には日本語の正文はない。政府訳もあるが、これは「子ども」を「児童」と訳し、「子どもの最善の利益が第一次的に考慮される」（3条）を、「児童の最善の利益が主として考慮されるものとする」と訳している。
（2）２０１５年10月29日27文科初第９３３号
（3）特定の業種については、その年齢以下の児童も、行政官庁の許可を得て就業することができる。テレビ・映画などで小さな子どもも出演できるのはそのためである。
（4）２０１６年６月19日に施行された公職選挙法により、成年者の年齢は18歳に引き下げられた。

[災害における学童保育指導員の専門性]

つながりが子どもたちの生活の土台になり、毎日の生活の場とあそびが生活リズムを取り戻す

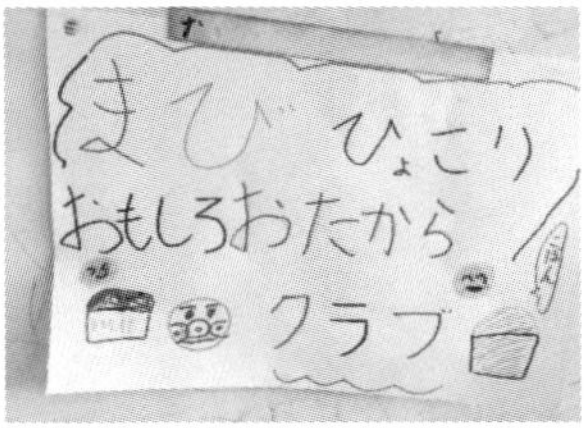

若井　暁●倉敷市ながおキッＺ児童クラブ

1、保育支援へ

２０１８年7月6日（金）、集中豪雨による真備地域に豪雨災害が起きた。私は、８日（日）に真備呉妹たんぽぽクラブに行き現地の状況を確認、河川の決壊現場を目の当たりにして災害のすごさを改めて実感した。11日、保育支援をながおキッＺ児童クラブで行うことを決め、翌12日から12人の子どもたちを受け入れ、保育支援をスタートした。

【クラブの名前を考える】

複数の小学校からきている子どもたちに帰属感を持ってもらおうと、「ここで過ごすみんなのクラブの名前を考えん？」と提案した。そして子どもたちとの話し合いの結果、「真備ひょっこりおもしろおたからクラブ」が誕生した。

【保護者へのケア】

子ども・保護者ともにかなり不安が大きい。職員は、子どもに不安を与えないよう声をかけ、保護者には、挨拶をしながら、受付・保育の説明やお家の現状、保護者ニーズの確認を行った。保護者の中には、「受け入れて下さってありがとうございます」「ありがたいです」と涙をながす姿や、「一人だとどうしようかと思った」「無事だったんな。よかった」と抱き合って泣くママ友の姿もあった。

そんな保護者へ子どもたちと一緒にお迎えに来たお母さんたちにコーヒーとか出そうと話し合い、準備して迎えの際に保護者がほっと一息つける「ひょっこりカフェ」が誕生した。ながおキッＺ児童クラブでは、「保護者とともに」を合言葉にクラ

ブ運営を行っているが、ここでもクラブ運営の思いが「ひょっこりカフェ」へとつながったのではないか。

【昼食支援】

真備ひょっこりクラブでは、電話で受付し、お弁当持参を伝えている。しかし、復興が遅々として進まない中、ほとんどの保護者がお弁当を作れない。そこで、保護者代表に相談し、保護者会で毎日作ろうということになり昼食支援が始まった。ふだんから協力しあえる保護者との関係があったからこそつながった支援だ。豪雨災害によって子どもたちの生活は一変、朝・夜とお弁当の続く中、真備ひょっこりクラブでの昼食支援は、子どもにとって毎日違う食材が食べられること、器で食べられること、作り立ての温かいものが食べられることも大切な支援のひとつだと思う。

【地域の援助】

7月13日、金曜の夜、臨時で開催された地域会議に、ながおキッズ児童クラブの職員も参加した。そこで、真備の子どもたちの支援のために長尾分館を全面的に貸してくれることとなった。さらに、毎年、8月に料理教室をしてくださる栄養改善協議会の皆さんが昼食作りを月曜日から金曜日まで担ってくれることとなった。場所と昼食支援の全面的な援助を地域から得ることができた。

真備の子どもたちがいきいきと過ごせている最大の要因は、明るくて広くてすずしい長尾分館のおかげである。さらに昼食もふだん食育を進めている栄養改善協議会の方が作っていただいているのでありがたい。

【保育体制づくり】

場所確保の次は保育の体制づくりが課題となった。ながおキッズ児童クラブも3人の職員が被災をした。ふだんより3人少ない職員体制の中、さらに真備ひょっこりクラブに人員を割くことは本当に大変なことだった。しかし、すぐに倉敷市学童保育連絡協議会が支援してくれた。1週間ごとに職員を連協加盟クラブから出してくれた。さらに8月31日までずっと指導員をしてくれる方も見つかった。岡山県学童保育連絡協議会も毎週全国の指導員の配置をしてくれた。ながおキッズ児童クラブだけでは、到底できなかった職員の体制ができた。

また、くらしき作陽大学の先生と学生さんがボランティアチームを作り、授業の合間を縫ってはボランティアに駆けつけてくれる。学生の元気はそのまま子どもたちの元気にもつながっている。

2、日常の生活こそがとても大切

今回の災害を通してセーブ・ザ・チルドレン・ジャパンの赤坂さんとつながることができた。7月18日に倉敷市学童保育連絡協議会の主催で赤坂さんを講師に「子どものための心理的応急処置」の研修会を開催した。急な開催ではあるが150人を超える参加者があった。研修会では生活リズムを取り戻すこと、何より遊ぶことが大切と教わった。

遊びでは、押し入れで基地づくりあそびをした。基地づくりが災害ごっこになった。「オレを埋めてくれ」とショウ。座布団に埋もれて手足をバタバタさせ「助けてー」と言う。カンタもショウの真似をして、自分から埋もれる。その様子を見ていたリリが、座布団に埋もれたカンタやショウを探すようにかくれんぼが始まる。何気ない遊びの中で怖かった出来事を振り返る子どもたちの姿があった。

3、即行動に結びつくつながりづくりは、災害時における指導員の専門性

今回は、即行動に結びつくつながりがあったからこそできた支援といえる。

地域の人たちの協力による長尾会館の提供。また、栄養改善協議会さんからの昼食支援。そして、くらしき作陽大学の先生方や学生さんとの連携。これらの人たちからの支援は、ながおキッズ児童クラブが地域の活動へ積極的に参加し一緒に成功させてきたこと、また大学との連携では、学童保育連絡協議会とともに研修会の開催や講師の依頼、研修の内容そのものを一緒に考えていただいたことなどが、緊急時における保育ボランティアの支援につながったのではないだろうか。

すぐ行動に結びつく支援には、日常の信用や信頼・目的を一つにして活動する絆のようなつながりが土台となっている。子どもとのつなが

り、保護者とのつながり、地域とのつながり、組織とのつながり、日々のつながりのていねいな積み重ねが、今季あの素早い支援活動の人が理に結びついたのだ。ふだんのつながりづくりが災害時における指導員の専門性の一つではないだろうか。

4、あそび・生活づくり

日常の何気ない生活こそが災害時においてとても大切であり、毎日の生活作りは指導員の専門性そのものとなる。特に働く保護者を持つ子どもたちのためには、朝8時から19時まで開設する必要がある。災害地域で支援している他団体を見ると時間帯は10時～16時、そのため、支援を受けているにもかかわらず、真備ひょっこりクラブにくる児童もいた。働く保護者を支援するうえで開設時間は大切だ。

　また、今回はながおキッZ児童クラブで日常取り組んでいる流れが役に立った。ながおキッZ児童クラブでは子どもの呼び名を毎年4月1日に決めているが、真備ひょっこりクラブも子どもたちがみんなで考えてクラブ名を決めた。生活づくりもながおキッZ児童クラブ同様、時間や内容を真備ひょっこりの子どもたちが決めている。おやつも含めた生活の流れの中で子どもたちは自らの生活を取り戻していく。だからこそ、普段の学童保育での生活作りが基本となり支援ができるのではないだろうか。ふだんの生活づくりが災害時においてもそのまま移行でき、災害時においても生活作りが学童保育の専門性といえる。

　今回は、つながりが子どもたちの生活の土台を作り、毎日の決まった生活と遊びが生活リズムを創り出した。学童保育指導員の専門性として毎日の生活と遊びがある。その毎日の生活と遊びの専門性を発揮するためにも、即行動に結びつくつながりづくりが必要といえる。

　これからも支援は続くが、この1か月半、真備ひょっこりクラブを支えていただいた方々にまずはお礼を言いたい。ありがとうございました。そして、災害前の生活に戻るまで支援は続く。今後ともみなさまのご協力をよろしくお願いします。

第13回学童保育指導員専門性研究大会のまとめ

——2018年1月21日、佛教大学——

前田　美子●一般社団法人日本学童保育士協会事務局長

《全体会》

全体会は「学童保育における遊びを考える」をテーマに、シンポジウムを開催した。学童保育の生活づくりの基本である遊びについて、鍋倉功氏（福岡県指導員）、四方則行氏（京都府元指導員）、代田盛一郎氏（大阪健康福祉短大）、3人のシンポジストの報告、二宮衆一氏（和歌山大）がコーディネーターとして議論をした。

シンポジストからは「学童保育での遊びは、子ども自身が自らの得手・不得手を知り、仲間とともに自分を見つけていく」「遊びは仲間を知り、共に楽しく遊ぶ喜びを知ることができる」など指導員とともに子どもが自ら遊びを創り出していく面白さなどが語られた。代田氏からは仲間・時間・空間という「三間」から遊びが奪われ、また、遊びがプログラム化され商品化の流れが出てきているもとで専門職である指導員の役割の重要性が強調された。

コーディネーターの二宮氏は学童保育に多様な遊びを導入している理由や、どのように指導員は遊びの内容を広げ、深めているのか明らかにする中で学童保育における遊びの共通点を深めていくことが必要ではないかと問題を提起され、「学童保育の生活と遊び」の関連性も明らかにしていく課題も出された。

《分科会》

午後は、①学童保育の生活と遊び、②学童保育における子育て・家族支援、③障害のある子どもの学童保育の生活づくり、④学童保育の生活と集団づくり、⑤指導員の職員集団とチームワーク、⑥高学年と学童保育の生活、に分かれて討議を深めた。

■学童保育の生活とあそび

レポート「あそぶちから・子どものちから」と全体会でもシンポジストとして報告した鍋倉指導員（福岡県）が「○○あそび」というような、名前はないけれど魅力的な「あそびの世界」を報告した。暮らしの中でちりばめられた子どもたちのあそび心を、一つも逃すまいと日々の保育の中で子どもと偶然発見したあそびを一緒に分かち合い、一見すると他愛もないことも子どものレンズを通して理解し共感している具体的な生活の中での遊びを報告。大人が「あれはいい」「これはよくない」と判断する遊びではなく、子どもが「おもしろい」と感じる感性を大事にし、つい注意してしまいそうな場面こそ、あそび心と捉えることが大切である、という内容であった。

研究者運営委員の代田氏は、あそびって何か？という視点からまとめを行った。子どもたちの楽しさやおもしろさを追求する遊びとは、まさに子どもの自由で主体的で自発的な活動であり、そのことを前提としながら、指導員は「ねらい」をもって子どもたちの遊びに関わっていく必要があると提起した。さらに、こうした子どもたちの主体性・自発性と指導員の指導性は両輪となり、子どもたちの遊びが豊かに展開していくよう統一的に実践されることが大事ではないかと提起された。子どもの状況に応じた柔軟な関わりを行うためには、意図的・計画的にかかわると同時に、偶然おこったチャンスを逃さず目の前の子どもたちの遊びに関わっていくことも指導員の専門性の一つではないかと指摘。あそびのルールは教えることができるが、あそびの面白さや楽しさは、子どもと共に遊び、その面白さ楽しさを共有することによって子どもたちのものになっていくという点から、子どもと共に指導員自身のあそび心を育んでいく必要性についても確認された。

■学童保育における子育て・家族支援

異動して2年目で、以前10年間勤めた学童とは、うってかわっての変わり様。保護者の雰囲気、子ども達の様子、指導員のチームワークも戸惑うことが多く、どこから手をつけたらいいのか……という報告であった。参加者20数名が3つのグループにわかれて討論し、出された意見は「保護者との出会い直し、子どもたちとの出会い直しが必要ではないか」『子どもをまん中に』が大事」「自分自身が相手への見方を変えることで、歩み寄れることもある」「しんどい親ほど、一歩前に出て話をすることが大事」「連絡帳やおたよりを通じて子どもの輝く場面を伝えていく、そのことの積み重ねがハッピーになる」など。こうした議論が報告者への大きな励ましになった。

研究者運営委員である伊部氏(佛教大学)よりソーシャル・ワークの方法として、①目標・課題、②支援の方法、③条件・環境との話があり、「孤独にならずに研究会に参加するなかでゆっくりでもいいので長期戦でとりくんでみてはどうか」というアドバイスを受け、引き続き、家族支援研究会の課題として深めていくことを申し合わせて終了した。

■障害のある子どもと学童保育の生活づくり

竹中指導員（滋賀県）から発達障害のあるカイトとの3年半の学童保育での生活を報告。カイトの障害の特性が、周りの子どもたちに理解されにくい（わかりにくい）ことから、学校をとび出したり、集団から離れようとせざるを得ないカイトのしんどさをどう受けとめ、理解するかが課題であった。学童保育には、保育園時代からカイトを知る仲間がいるので、彼らを拠り所にカイトの居場所を学童保育のなかにつくっていく。そして指導員集団として、思いと方向性をできるだけ一致させてカイトに温かく、おおらかに関わっていくことを大切にしていく。学校生活でのカイトの精いっぱいの頑張りを見守り、応援していきたい。それでも、学校に行きづらいカイトの状況を担任はじめ学校と連携しながら見守り、カイトの求める生活とは？居場所は？を、カイトを見守るおとな全員で温かくゆったりと応援していきたいとの報告であった。

意見交流では「障害のある子どもの入所が増え、一人ひとり多様な姿があり、それぞれにどう対応したらよいのか悩むことがある」「指導員だけで悩むのではなく、作業療法士など専門的な助言、指導員への支援をもらいながら保育を進めている」「指導員集団のその子への眼差しや保育に対する姿勢を一致させていくためにどのような手立てを行なっているか交流したい」「その子のあるがままの姿を受け入れるとよくいうが、それは簡単なことではない」など。障害のある子どもの入所が増えていることから様々な実態、課題が出された。

研究者運営委員である田村氏（立命館大学）から、これまで、実践検討を重ねてきたが、「実践を綴る＝実践を言語化する」ことが大切であり、そのことで指導員の意図や実践の意味が明らかになり、振り返り省みることで次への手立てが明らかになる。その子（その人）の人生を見通して〝移行期〟をどうていねいにつないでいくかを意識していこう。困った行動にとらわれることなく、「ニヤリ、ホッと」（ヒヤリ、ハッとではなくて）する場面をみんなでたくさん見つけよう。本人の状況や立場に気持ちを寄せて、推測をしていく。生活の主体者であるその子目線でとまとめられた。

■学童保育における生活と集団づくり

広島の濱口指導員による報告を、①A君の発達課題、②ドッジボールの取り組みへの評価、③A君理解や関わりを集団全体へ広げるために、④家族支援の進め方。以上を論点として話し合った。A君は、複雑な家庭環境やコミュニケーション不足の中での育つ等から出自への不安や自己肯定感の低さが想像できた。また、家庭と学校で「いい子」をしてきたが指導員には寂しさやつらさを話せるようになってきている。討論では、ドッジボールの取り組みについては、子どもたちにとって本当に面白い取り組みだったのかなど疑問も出される一方で、マナー面や子ども相互の教え合いを目的として導入し成果を上げていること、A君にとってわかりやすい基準であり頑張れたことなども確認しあった。今後もA君が得意なドッジボールで周りに認められることで自己肯定感を上げていくとともに、父母会やお迎えがない中でA君の様子を家庭にどう伝えていけるかが課題であることも出された。

研究者運営委員である船越氏（和歌山大学）のまとめとしてA君がB君（強さ）に憧れるのは出生に関わる生きづらさによるものではないか。強くないと父母に見捨てられるという不安がある。トラブルの度にみんなで「A君の行動はなんでかな?」と考えA君理解を深めたい。この取り組みには子どもの対人関係をつくるスキルが含まれている。自分のふるまいを意識し振り返る目安がはっきりしている。この取り組みによってつながった子どもたちが、取り組みを卒業して日常的につながっていくことが重要であるとともに家族支援は緊急性があることが提起された。

■指導員の職員集団とチームワーク

全国指導員学校で報告した田頭指導員（愛知）が、その後の実践を報告した。また研究者運営委員としてはじめて土佐氏（和歌山大学）に担って頂いた。土佐氏の小学校教員時代の経験などを交えながらの問題提起もあり、チームワークについて活発な議論となった。田頭指導員はチームワークの実践を書く事の大切さを6点にまとめて報告された。
①背景を知る、②一人一人の指導員が喋れる場を作る（相互理解）、③求めすぎない、④思い込みを極力なくしていく、⑤主体性を持って進めていってもらうことを大切にする、⑥役割等をしっかりしていく。この内容はこれまでのチームワーク研究会が提起している内容と言い方は違うが、共通する事柄であった。
討論では、「子ども理解や保育方針などの一致、共通理解する事が大切である」など、参加者と共に確認し理解し合えた。参加者の感想から「合わない指導員の愚痴の言い合いではなく、具体的に何を実践していくのか？方向性が見えた」などチームワークや職員集団づくりが事業内容の向上のために重要であるとの認識と、その事に悩み様々な実践を試行錯誤している内容が意見交換できるところまできた。

土佐氏から「人と人との関係性をどうつくるか。今の時代の課題である」と言われ、子どもと指導員、指導員同士、指導員と保護者と全てに共通する課題でもあると、再認識する事ができた。

■高学年の学童保育の生活を考える

２００６年から「高学年クラブ」として高学年だけの学童保育を実践している長谷川指導員（京都市）の実践を基に、高学年にとっての学童保育の生活について参加者と一緒に考えた。長谷川実践を受けて、次のような質疑が行われた。「高学年の居場所」「退所も多い」「卒業したあと大丈夫か」「高学年集団―好き勝手……どうなの？（周りの集団との関わり）」など。

研究者運営委員である二宮氏（和歌山大学）から低学

年と高学年の学童保育の位置づけや、発達段階から見ての高学年の学童保育の意味づけについて、問題提起がされた。世界が広がる時期→生活のバージョンを上げていくことだけでなく、卒業後の生活を見据える必要があること。学童保育が高学年の居場所になるとともに、次のステージへの足がかりを考える視点も必要ではないか、という課題提起がされた。

桂児童館の実践のように、自分たちで生活をつくり実現させるという伝統的な高学年保育があり、それが親のニーズや指導員の思いと合致してきたが2000年頃から、国の子どもの放課後への関心が高まり、放課後のあり方の選択肢が多くなった。指導員はどこまで引き受けるのか、どこまでできるのか、という転換点に来ているのかもしれない。学童保育の役割として高学年の居場所として保障する視点とともに、高学年の放課後の生活の在り方についてさらに深めていくことを確認した。

【小特集】今日の学童保育をとりまく政策動向

「従うべき基準」をめぐる国の動向

佐藤　愛子●全国学童保育連絡協議会事務局次長

学童保育が１９９７年に児童福祉法に法定されてから15年たった。２０１２年に改定された児童福祉法では、「市町村は、放課後児童健全育成事業の設備及び運営について、条例で基準を定めなければいけない」（第34条８の２）、「市町村が前項の条例を定めるにあたっては、放課後児童健全育成事業に従事する者及びその員数については厚生労働省令に定める基準に従い定めるものとし、その他の事項について厚生労働省令で定める基準を参酌するものとする」（同第２項）と定められた。

２０１４年４月には厚生労働省令「放課後児童健全育成事業の設備及び運営に関する基準」（以下、「省令基準」）が公布され、指導員の資格（「放課後児童支援員」）と配置基準が「従うべき基準」として定められたことは、「全国的な一定水準の質の確保」に向けて踏み出した大きな一歩だった。また、２０１５年３月には「放課後児童クラブ運営指針」（以下、「運営指針」）が策定された。現在、全国各地の学童保育は、「省令基準」に従って市町村が定めた条例と、「運営指針」にもとづいて運営されている。

「省令基準」では、「放課後児童支援員」の資格を取得するには、保育士や社会福祉士、教諭などの有資格者、大学で一定の決められた課程を修めた者、高卒以上で２年以上児童福祉事業に従事した者などの９項目のいずれかの基礎要件をもつ者が、都道府県が実施する16科目24時間の「放課後児童支援員認定資格研修」を受講し、修了することが必要であると定められた。

全国学童保育連絡協議会（以下、全国連協）は、会の発足以来、指導

員は専門的な知識や技能を備えることが必要な職であるとして、国家資格化とそれに伴う処遇を求めている。「放課後児童支援員」の資格は、私たちが求めるものと比べると不十分さはあるものの、子どもの発達過程についての理解や、子どもとかかわる際に不可欠な倫理観など、学童保育固有の知識や技能が必要とされたことを意味している。そして、この「放課後児童支援員」を、「支援の単位」ごとに原則2人以上配置することも「従うべき基準」とされた。

国は、学童保育の役割を果たせるよう、指導員の処遇を改善して、常勤配置を促すための補助金も新たに設けた。さらに2017年度予算では、それまで、時間単価で一人当たり年額約180万円の職員3人分で算出されていた人件費が、3人のうち1人分は福祉職俸給表にもとづいて年額約310万円で算出されることになった。

しかし現在、処遇改善は十分には進んでおらず、全国的に指導員不足が課題になっている。そのなかで、離職者の多さや人手不足の解消策を、「従うべき基準」の緩和に求めようとする動きが生じている。

施行3年目、いよいよこれからというときに……

内閣府地方分権改革推進室(以下、内閣府)は、都道府県や市町村が事業を行ううえで「支障がある」と感じている事例を、年度ごとに「提案」として募集するとともに、「提案」に賛同する自治体を募り、関係府省庁に対応策を図るよう求めて、地方公共団体への権限移譲や規制緩和に取り組んでいる。

2017年3月、内閣府から、「放課後児童クラブの質を下げずに放課後のフィールドで働く人材の確保策などについて考えを聞きたい」と全国連協事務局に申し入れがあった。内閣府は「質を下げるつもりはない」とは言うものの、具体的に推進することを予定している内容は、私たちが考える「質を担保したうえでの学童保育の拡充」とは相容れないものだった。懇談の回数を重ねたが内閣府の主張に変化はみられなかった。

2017年度、学童保育にかかわっては「省令基準」で「従うべき基準」とされている「放課後児童支援員」の資格と配置基準を廃止または「参酌すべき基準」に見直すこと、資格の基礎要件を中学校卒業者まで拡大することなどが提案された。

全国連協は、この「従うべき基準」は、学童保育を利用するすべての子どもたちに「全国一定水準の質」を保障するうえで必要不可欠なことと考え、内閣府、厚生労働省、地方三団体等に現行の「省令基準」の引き下げを行わないことを要望した。また、地域の学童保育連絡協議会には、この要望を市町村・都道府県に伝え、地方自治体から国に意見を上げてもらうよう働きかけることを呼びかけた。

しかし、２０１７年12月26日、「従うべき基準」として定められた「放課後児童支援員」の資格と配置基準を「子どもの安全性の確保等一定の質の担保をしつつ地域の実情等を踏まえた柔軟な対応ができるよう」、「参酌化」することを、「地方分権の場において検討し、平成30年度中に結論を得る」との閣議決定が示された。また、放課後児童支援員の基礎要件については、「一定の実務経験があり、かつ、市町村長が適当と認めたものに対象を拡大することとし、平成29年度中に省令を改正する」とされた。この省令の改定にあたっては、２０１８年1月、厚生労働省（以下、厚労省）による意見募集が行われ、全国連協をはじめ全国の学童保育関係者が不適切と考える意見を述べたが、残念ながら、２０１８年3月30日に「基準の一部を改正する省令」が策定された。

内閣府は常々、「中山間地など、児童数が一人、二人の地域でも、２名配置するという基準を守る必要があるだろうか」「中山間地で人材確保がむずかしいのは、『従うべき基準』をクリアするのが困難だからだ」と特殊な事情を例に挙げて基準そのものを見直すことを主張している。また、一部の地方自治体からもつぎのような発言があった。「資格を取得しても、勤務時間や賃金の低さなど、処遇の問題から離職する人も多い」（※1）。「県内都市部では主に中高年女性が、この事業を担っている。（中略）資格取得のための従事時間数（2年以上、かつ２０００時間程度）を満たすことが困難」「県内山間部では、主に65歳以上の高齢者がこの事業を担っている。有資格者になっても、資格を生かした長期間の勤務が期待できない」（※2）。

働き方や処遇の改善には着手せず、指導員の役割や仕事内容についての認識を変えないまま、「人材確保に苦慮している」と述べており、これでは成り手がいないのは当然ではないか。

「従うべき基準」を守ることは子どもを守ること

そして、２０１８年８月現在、「30年度中に結論を得る」べく、「地方分権の議論の場」である「地方分権改革有識者会議　提案募集検討専門部会」（以下、専門部会）での議論が進められている。この会議は専門部会の部会長・構成員、内閣府の職員で構成されており、「非公表」（傍聴不可）で、後日、議事概要が公開される。

２０１８年2月19日に開催された第70回専門部会では厚生労働省へのヒアリングが行われ、構成員が「従うべき基準」の廃止も含めて厚労省に厳しく迫った。以下、主な発言を紹介する（※3）。

「現在支障が表面化していない地方公共団体でも、現行の基準でやせ我慢をしており、人材をなんとかやりくりしている実態がある」「個別の対応を行うだけでは、別の地域事情を抱えた地方団体から、引き続き新たな対応を求められることとなり、いたちごっこが続くことになると思料。従うべき基準を定めること自体の弊害が出ている」「現行の児童福祉法の当該条文の改正等も視野に入れて、今後の検討を進めていただけるという理解でよいか」（発言はすべて、大橋洋一・学習院大学法科大学院教授）。

これに対して厚労省は、実態の把握調査を行って事実を整理し、地方分権の議論の場に報告したうえで、２０１８年8月を目途に具体的な検討を進めていくと回答した。

同年5月11日に開催された第71回専門部会では、「放課後児童健全育成事業の『従うべき基準』に関する実態調査の結果について」という資料が提出された。これは、厚労省と内閣地方分権推進事務局とが共同で実施した調査で、全市区町村を対象に１６７４自治体から回答を得たものである。しかし、調査内容は「従うべき基準」を「参酌すべき基準」に引き下げることを前提としたかのような、結論ありきの大変恣意的な設問と選択肢が設けられている。

この日の会議も、「詳細な調査により、『従うべき基準』の見直しに向けた一定の方向性が出たものと思料。様々な形で放課後児童クラブにおける基準の柔軟化を求めている地方のニーズが高いことが確認できたため、ぜひ閣議決定に沿って参酌化していただきたい」という部会長の高橋滋・法政大学法学部教授の発言からはじまった。

全国知事会の代表としてヒアリングを受けた尾崎正直・高知県知事からは、「果たして○○士という資格が本当に必要だろうかということもあるのではないか。事実上、地域の中で子育て経験も大変豊富で、地域の子どもたちのこともよく知っていて、人望のある方がいらっしゃる場合、恐らく、昨日今日おいでになった○○士という資格保有者の方よりも、そのような方にお任せする方が安心だとおっしゃる地域の保護者の方々もいるのではないか」との発言もあった。構成員たちは口々に「参酌化せよ」と厚労省に厳しく迫り、重ねて部会長は、「どこの部分について参酌化、少なくともここは参酌できるといったことを今の段階では回答することは難しいか」と結論を急がせた。

「従うべき基準」が廃止、または「参酌すべき基準」に引き下げられてしまえば、子どもたちの保育にあたるうえで必要な専門的な知識及び技能を有した「放課後児童支援員」をまったく配置しないこと、ともすれば、資格のない大人がたった1人で子どもたちの保育にあたることも起こり得る。これでは、子どもたちに安全で安心できる「毎日の生活の場」を保障することはできない。全国連協はこれに断固として反対し、全国各地の学童保育関係者とともに「学童保育（放課後児童健全育成事業）の『従うべき基準』を堅持することを求める」請願署名に取り組むことを決めた。この請願署名は20万8993筆を集め、第196回通常国会の請願受け付けの締め切りとされた7月13日までに、学童保育にかかわる2つの議員連盟（自由民主党学童保育〈放課後児童クラブ〉推進議員の会、超党派の国会議員で構成される公的責任における放課後児童クラブ〈学童保育〉の抜本的拡充を目指す議員連盟）と衆議院・参議院の厚生労働委員会の議員を中心に、衆議院53人、参議院23人の議員が紹介議員となり、国会に提出された。

請願は衆・参ともに厚生労働委員会に付託された。全国連協は、請願の採択につながるよう、衆議院厚生労働委員会の委員長、および各党理事に働きかけたものの、残念ながら「採択」でもなく「不採択」でもなく「審査未了」となった。

そもそも、「省令基準」は、厚生労働省社会保障審議会児童部会に設置された「放課後児童クラブの基準に関する専門委員会」において、2013年5月から2015年3月にかけて検討が行われ、策定されたものである。学識経験者・自治体関係者・現場の代表者で構成された専門委員会で約2年をかけて議論されたことが、「省令基準」には反映されている。

全国連協は、「基準を検討するにあたっては内閣府では検討しないでほしい」「学童保育の目的・役割を理解しているメンバーによって、児童福祉法の理念を遵守する立場で検討すべき」「会議は公開をし、学童保育関係者が傍聴できるものとすべき」と要望している。

閣議決定以降、全国連協は2つの議員連盟に働きかけて、議員連盟総会がそれぞれ2回ずつ開催された。自由民主党の議員連盟では「放課後児童クラブの『従うべき基準』の維持を求める決議」が決議され、加藤勝信厚生労働大臣に申し入れされている。また、埼玉県議会では「放課後児童クラブの職員配置基準等の堅持及び放課後児童支援員等の処遇改善を求める意見書」が採択され、衆議院・参議院議長、内閣総理大臣、財務大臣、厚生労働大臣、少子化対策担当大臣、男女共同参画担当大臣、地方創生担当大臣に提出された。

これらの動きが後押しになっているのか厚生労働省は、当初「２０１8年8月を目途に具体的な検討を」と予定していたが、8月3日に開催された専門部会のヒアリングでは「ひきつづき考えさせていただきたい」と結論を先延ばしにしている。

２０１８年7月27日に公表された、厚生労働省社会保障審議会児童部会「放課後児童対策に関する専門委員会」（座長・柏女霊峰淑徳大学総合福祉学部教授）中間報告書が公表され、このなかでは「放課後児童クラブの質の確保を考えるにあたり、設備運営基準及び運営指針に基づき、子どもの最善の利益を第一に、子どもの視点に立って」と述べられている。

私たちは、指導員不足の背景には、「指導員の処遇が大変低いこと」「自治体が『省令基準』と『運営指針』について十分に理解していないこと」「学童保育に求められる水準と指導員の役割や仕事内容について社会的な理解がまだまだ不十分であること」などがあると認識しており、こうした根本的な問題の改善に取り組むことが必要と考える。質の確保、つまり専門的な知識と技能を身につけた専任の指導員が常時複数で配置されることは、子どもの命を守ることそのものである。

「待機児童ゼロ」「受け皿確保」を急ぐあまり、子どもが学童保育に通いつづけることを負担に思うような運営では、学童保育の役割を果たしているとは言えない。質を落とさず量的拡大を図り、子どもたちが安全で安心して過ごせる生活を保障するために、私たち全国学童保育連絡協議会も精一杯取り組んでいきたい。

※1　厚生労働省社会保障審議会児童部会「放課後児童対策に関する専門委員会」でヒアリングを受けた静岡県こども未来課課長の発言より
※2　同専門委員会でヒアリングを受けた鳥取県福祉保健部子育て王国推進局子育て応援課課長補佐の発言より
※3　第70回地方分権改革有識者会議提案募集検討専門部会議事概要より

「放課後児童対策に関する専門委員会中間とりまとめ」をどう見るか
――子どもの権利からの「放課後」の問い直し――

齋藤　史夫●東京家政学院大学

1、放課後児童対策に関する専門委員会が中間とりまとめを発表

2018（平成30）年7月27日、厚生労働省社会保障審議会児童部会「放課後児童対策に関する専門委員会」（以下、専門委員会）は、「総合的な放課後児童対策に向けて」と題する中間とりまとめを発表した。専門委員会の担当部署は、2017年7月「子ども・子育て支援に特化」して新設された厚労省「子ども家庭局」の子育て支援課健全育成推進室である。

専門委員会は2017年11月8日に設置され、学童保育現場・行政担当者・研究者等を委員に、8か月間に10回の委員会が開催された。委員から積極的に資料が提出され、また、保護者・放課後児童支援員・学童保育全国連絡協議会・研究者などからヒアリングも行われ、文部科学省地域学校協働推進室長もオブザーバー参加し活発な論議が行われた。

社会保障審議会児童部会では、並行して2015年6月に設置された「遊びのプログラム等に関する専門委員会」が、廃止された「こどもの城」が残した「遊びのプログラム」の普及啓発や新たな開発とともに、「児童館ガイドライン」の見直しも検討中である。

中間とりまとめは、学童保育（放課後児童クラブ）にとってだけではなく、小学生の「放課後」を考える上での重要な論点を提示している。また、論議の中では多様な資料が提出され、それぞれが子どもの生活を考える上で参考となる資料ともなっている（1）。

2、専門委員会設置と論議の背景

(1)「放課後」施策の状況

今回の委員会論議が行われた背景には、第1に2016年5月の児童福祉法改正によって、その第1条に「児童の権利に関する条約の精神にのっとり」と、児童福祉が子どもの権利条約(以下、条約)の精神に立って行われること、また、第2条に条約第3条子どもの「最善の利益」が優先して考慮されることが明記されたことがある。

第2に、「人づくり革命」「生産性革命」など現在(2018年8月)政府が進める政策下での学童保育の整備の課題がある。

安倍内閣は、「女性・高齢者活躍社会」(2013~)、「地方創生」(2014~)、「一億総活躍社会」(2015~)、「働き方改革」(2016~)、「人づくり革命」・「生産性革命」(2017~)とスローガンを掲げてきた。それらを貫くのは〈少子化問題/人口減少問題〉を日本経済の「最大の壁」と捉え、「①出生率を上げて将来の働き手を増やす、②現在の働き手を増やす、③労働生産性を上げる」との考えである(2)。

「人生100年時代構想会議」が2018年6月に発表した「人づくり革命基本構想」では、「2023年度末までに放課後児童クラブの約30万人分の更なる受け皿拡大や育成支援の内容の質の向上などを内容とする新たなプランを今夏に策定する」としている。

第3に、学習指導要領の改訂による学校の授業時数増・「土曜日等の教育活動」の推進など、子どもの生活の「学校化(3)」が危惧されるもとでの放課後の問い直しの側面がある。2017年3月に社会教育法が改正され、その第5条2項に「地域と学校がパートナーとして連携・協働し、社会総がかりでの教育を実現するため(4)」に「地域学校協働活動」を位置づけた。「地域学校協働活動」の推進が、さらなる子どもの生活の「学校化」を進める方策に組み込まれることも懸念される。

(2) 日本における子ども期の貧困化—子どもの権利条約市民・NGO報告書から

小学生から、「学校やめたい」(1年生)、「月火水木金土日、それが僕が塾に行く曜日。人生につかれましたぁぁぁ」(6年生)などの声が聞かれるなど(5)、子どもの置かれた困難な状況に対する一定の認識も、専門委員会での論議の背景の1つとなっている。

２０１９年1月の国連子どもの権利委員会による第4・5回日本政府報告書審査に向けて、日本の市民から提出された報告書の1つは、そのタイトルを『日本における子ども期の貧困化』としている(6)。高度に競争主義的な教育制度のもとでのストレスへの子どもの応答を示すいじめ・不登校・校内暴力・自殺の4つの指標は依然高く、子どもの貧困率もOECD諸国の上位のままである。そして、「子どもの発達の『社会的条件』である、子どもが主体性を発揮できる大人との相互的な人間関係、そして、『自由な時間』の2つが奪われている(7)」ことを指摘している。

3、中間とりまとめの概要

(1) 中間とりまとめに至る経緯と課題

中間とりまとめ「はじめに」に、経緯と課題が提起されている。

子どもにとっての放課後は「自主的・主体的な遊びや生活の体験を通じて、人として生きていくための知恵や社会性を育むことができる大切な時間・空間」であり、「多様な生活や遊びの場が用意されなければならない」とする。

そして、「子ども数や兄弟数の減少、共働き家庭の増大や就労形態の多様化、ひとり親家庭の増加や『子どもの貧困』の社会問題化、また、自由に遊べる場所や遊ぶ時間の縮小、自然や生物、実際の物事と直接的に関わる生きた体験の不足、多くの子どもが習いごとや学習塾に通っている」など社会状況の変化の下で、「健全育成」概念の再検討も含め、放課後児童対策を根本から検討する必要を認識したという。

そして、学童保育は、利用児童数・待機児童の増加下で「量を拡大するのみならず、質の確保も同様に図っていくことが大きな課題である」ことから、議論を重ねた結果である。

(2) 中間とりまとめ、3つの内容

中間とりまとめは3つの内容から構成されている。第1は「子どもたちの放課後生活の重要性とその理念」である。その理念とは、①児童の権利に関する条約と改正児童福祉法の理念を踏まえた子どもの主体性を尊重した育成、②子どもの「生きる力」の育成、③地域共生社会(8)を創出することのできる子どもの育

成、だとする。

第2は「放課後児童対策の歴史的推移と現状及びその課題」である。縦割り行政のもとで「国として総合的な放課後児童対策を描くこと」が課題である。また、「子どもたちの生活が学校に限定される」現状や、「放課後は学校の外で過ごしたいと望む子どももいる」ことから、「地域の様々な社会資源を活用して多様な人やものとの関わりの中で放課後を過ごすこと」・「放課後のあり方は多様であることも望まれる」こと、またその中で「児童館の機能をより一層充実させていくこと」も期待されている。

第3は「放課後児童クラブの今後のあり方」である。ここでは、1、2を踏まえて、量の拡充と質の確保の両面を検討することとしている。

4、中間とりまとめに示された重要な論点

中間とりまとめに注目する第1の内容は、子どもの権利条約第3・12・31条の重視である。第3条「最善の利益」を、第12条（子どもの意見表明権）から子どもの意見を傾聴し「大人と子どもが一緒に決定していくプロセスによって」達成する。また、第31条（子どもの休息・遊び・文化の権利）から、遊びとともに「学校を終えた子どもの気分転換やくつろぎ、休息の時間・空間」の必要を指摘している。

第2に、子どもの育ちを総合的にとらえようとしていることである。子どもの「生きる力(9)」の育成にあたっては、放課後という時間・空間が「大きな役割を果たしている」ことを強調している。また、「地域共生社会を創出することのできる子どもの育成」のために、「地域社会の一員」としての子どもという観点を提案している。子どもの生活空間を学校に狭く限定しないことを示唆する指摘である。

また、「葛藤やその克服を通じて」、自分自身と他者の権利を認識し「他者とともに生きることに喜びを見出す事ができるようになる」という指摘もある。今日、学校教育の場に「ゼロトレランス（寛容ゼロ）」「スタンダード」(10)などが導入され、寛容さが失われていることが懸念される状況下で、子どもの失敗・ケンカ・いたずら・危険・挑戦などの大切さを捉え直す点をさらに深めることも期待される(11)。

第3に、「発達段階に応じ、放課後における居場所のニーズが多様化」し、子どもの意思を尊重して、

地域の多様な場、活動、人との関わりが必要となることを指摘している。「児童館ガイドライン」の見直しが行われ、地域には塾などとともに、プレイパークなど民間の活動や「社会的・福祉的課題に対応した事業」がある。それらへの支援、情報提供、コーディネート、また、ハラスメント防止など子どもの権利擁護も課題としている。

第4に、学童保育の量の拡充については、女性の就業率の向上によってニーズが拡大することが予想され、「新たな整備目標を設定し、必要な受け皿整備を着実に進めていく必要」があるとする。同時に「今後は学校施設に加え、児童館や社会教育施設等を活用するなど、様々な方法により」整備を行うとしている。

第5に、学童保育の質の確保という点では、「①放課後児童クラブに求められるもの」として、設備運営基準及び運営指針に基づき運営や育成支援を検証し「子どもの主体的な活動を尊重する運営や育成支援を一層進めていくこと」、「②放課後児童支援員のあり方・研修について」として、資質の向上、処遇改善、研修のあり方などを指摘している。

放課後児童クラブの従うべき基準の参酌化に関する検討が行われているが(12)、「その運営に必要な人数の放課後児童支援員を引き続き確保する」必要を指摘している。

また、2020年3月末までに認定資格研修該当者が終了できないなどへの対応とともに、子どもの課題の多様性に合わせたソーシャルワークや「民間レベルで研究が進められているプレイワーク、レクリエーションの知識等を導入する」ことも検討されている。

5、最終報告への課題

中間とりまとめは、学童保育にとどまらず、児童福祉・子どもの権利条約の理念に立ちながら「放課後」について幅広く論議され、子どもにかかわる諸分野で検討すべき内容を含んでいる。

筆者らの調査では、東日本大震災からの回復のための遊びの必要、混乱の中で避難所での役割を主体的に担い、まちづくりに積極的に取り組む子どもの姿を見ることができた(13)。また、韓国の学童保育類似施設「地域児童センター」では、国家施策によって貧困の子どもを対象にケア計画が立てられ、毎日の夕食・長期休み期間の昼夕食が提供されている。また、子どもたちが地域環境改善に取り組み、子ども図書館を建設し地域に開放するなど、市民として活躍する子どもの姿を見ることができた⒁。

現場の声や研究的知見、国内外の教訓をさらに取り入れ、充実した最終報告に向かうことを期待したい。

さらに深めることを期待したい第1は、「放課後」「健全育成」の用語使用を続けてよいのかという点である。「放課後」とは「課業」から放たれた後という言葉であり、学校中心の子どもの生活理解につながる可能性がある用語である。「放課後子供教室」はそのスタート時には「地域子ども教室」とされており、地域に多様な子どもの居場所が形成される可能性があった⒂。学校外の子どもの生活、また子どもの成長・発達の支援をどのような概念で表現するか検討が求められる。

第2に、貧困・虐待などが大きな課題となる中、権利条約第6条の子どもの生存権・発達権を重視して、生存・発達を保障する施策の在り方の検討が求められる。

第3に、「地域共生社会」を創出しうる子どもの育成とするが、権利条約第13条「表現の自由」・第15条「結社・平和的な集会の自由」なども参照し、地域住民・市民としての子どもの位置づけを明確にする必要がある。

第4に、国の「従うべき基準」の参酌化によって、資格を持った指導員の原則2名配置が維持されるのか危惧されるなどもある状況で、学童保育の質の維持・向上を実現する方策を検討することである。

第5に、専門委員会の論議に文部科学省からオブザーバー参加もしているものの、「放課後行政」は縦割りである。また、２０１８年9月14日、「新・放課後子ども総合プラン」が発表され、量的整備とともに、新たな学童保育の80％は小学校内で実施を目指すとされた。中間とりまとめの方向に反して、子どもの生活世界が狭められていることも危惧される。理念が実効性を持つ方策も明確にすることが必要であろう。

積極的な内容を含む中間とりまとめであるが、縦割り行政、予算措置、政府全体の施策の方向等と関連しながら実効性あるものとなりうるかも問われている。専門委員会での論議を待つだけではなく、関係者・市民からの積極的発言と行動も求められるであろう。

（1）専門委員会ＨＰ　https://www.mhlw.go.jp/stf/shingi/shingihosho_491253.html参照
（2）森本扶「解題」日本子どもを

守る会編『子ども白書2018』本の泉社、2018年。
(3)増山均『学童保育と子どもの放課後』新日本出版社、2015年、52–56頁、pp.52-56など参照。
(4)文部科学省「社会教育法改正に関するQ&A」http://manabi-mirai.mext.go.jp/assets/files/H29kikaku/QA171102.pdf
(5)「21世紀の未来を開く教育のつどい　教育研究全国集会2018in長野」討論の呼びかけ。
(6)子どもの権利条約市民・NGO報告書をつくる会国連子どもの権利委員会への報告書『日本における子ども期の貧困化　新自由主義と新国家主義のもとで(日本語版)』2018年。
(7)世取山洋介「子どもの権利条約第4・5回政府報告書に対する市民NGO報告書を読む」前掲『子ども白書2018』。
(8)厚生労働省は「我が事・丸ごと」地域共生社会実現本部を設置し、「地域共生社会」の実現を今後の福祉改革を貫く基本コンセプトに位置づけている。
(9)近年の文部科学省における「生きる力」の強調についての検討も求められる。
(10)村上祐介「学校教育における『スタンダード』の浸透とその影響」、田沼朗「子どもと学校この1年　新しい管理主義?」前掲『子ども白書2018』など参照。
(11)国土交通省「都市公園における遊具の安全確保に関する指針」(改訂第2版、2014年6月)は、ある程度の危険性を内在している冒険・挑戦は子どもにとって必要であり、「事故の回避能力を育む」「子どもが判断可能」なリスクと、「事故につながる」「判断不可能」なハザードとに危険性を区分している。
(12)地方分権改革推進本部「平成29年の地方からの提案等に関する対応方針」2017年12月26日。
(13)増山均・森本扶・齋藤史夫『蠢動する子ども・若者』本の泉社、2015年。
(14)齋藤他「連載・韓国子ども事情」『子どものしあわせ』本の泉社、2018年4月号より連載中、参照。
(15)齋藤「子どもの生活圏と子育ての共同・協働—地域子ども教室推進事業から見た行政の役割」早稲田大学哲学会『フィロソフィア』第96号、2009年、他参照。

新「保育所保育指針」改定のねらい

長瀬　美子●大阪大谷大学

２０１８年４月から、改定された保育所保育指針にもとづく保育が始まりました。今回の改定のポイントとしては、①乳児・１歳以上３歳未満児の保育に関する記載の充実、②保育所保育における幼児教育の積極的な位置づけ、③子どもの育ちをめぐる環境の変化を踏まえた健康及び安全の記載の見直し、④保護者・家庭及び地域と連携した子育て支援の必要性、⑤職員の資質・専門性の向上が挙げられています。中でも、保育所保育における幼児教育の積極的な位置づけとの関連の中で、「幼児期の終わりまでに育ってほしい姿」（以下「10の姿」）が設定されるなど、疑問点や不安をもたらす要素の多い新指針です。

しかし、それを不安に思うだけでなく、保育・教育の基本に立ち返って、「保育とは」「子ども・家庭にとって必要とされる保育とは」をみんなで考えなければなりません。今回の改定がもつ意味を明らかにしながら、これからの保育のあり方について考えたいと思います。

1、改定の背景と方向性

(1) 背景

今回の保育所保育指針の改定には注意すべき背景と方向性があります。それは、①今回の改定に先立って、教育基本法「改正」と児童福祉法「改正」が行われたこと、②幼稚園教育要領、幼保連携型認定こども園教育・保育要領の改訂と同時に行われたこと、③学習指導要領の動向と連動していることです。二つの「改正」によって、教育や福祉の性格が大きく変えられる中、幼稚園、こども園、保育所が小学校教育への

「円滑な接続」という方向に位置づけられました。その中での保育所保育指針の改定であることに注意しなければなりません。

小学校教育への「円滑な接続」でいえば、小学校以降の教育目標である「生きる力の形成」を小学校からではなく、就学前の教育・保育の段階から開始するという意図が強く表れています。つまり、小学校1年生からでは遅いから、1年生をスタートとするのではなく、できるだけ早い時期（乳幼児期）から「生きる力の基礎」の形成にとりくむ必要があると考えられ、三つの要領・指針の統一的な改訂・改定が行われたのです。

生きる力を構成する要素のうち、確かな学力の形成について言えば、①「知識及び技能の基礎」として、「豊かな体験を通じて、感じたり、気付いたり、分かったり、できるようになったりする」ということ、②「思考力、判断力、表現力等の基礎」として、「気付いたことや、できるようになったことなどを使い、考えたり、試したり、工夫したり、表現したりする」こと、③「学びに向かう力、人間性等」として、「心情、意欲、態度が育つ中で、よりよい生活を営もうとする」ことがあげられました。まさに、学校教育の目標の実現を就学前教育・保育の段階から推進しようとする方向性の中での改定なのです。

(2) 新指針における「教育」の強調

上記のような方向性と連動して、今回の改定では、「教育」の強化・強調が顕著です。現在実施されている子ども子育て支援新制度の中でも、3歳以上の「教育」が「保育」と区別され、混乱や困惑を生みましたが、今回の改定でも幼児「教育」の充実・推進が大きなポイントになっています。しかもそれが、できるだけ早期、つまり乳幼児期からの教育の強化として表れています。

2、「幼児期の終わりまでに育ってほしい姿」が設定されたことの問題性

今回の指針の改定のポイントの一つが「幼児期の終わりまでに育ってほしい姿」（「10の姿」）の設定です。

「幼児期の終わりまでに育ってほしい姿」とは、健康な心と体、自立心、協同性、道徳性・規範意識の芽生え、社会生活との関わり、思考力の芽生え、自然との関わり・生命尊重、数量や図形、標識や文字などへの関心・感覚、言葉による伝え合い、豊かな感性と表現の10項目です。こ

の「10の姿」は、「活動全体を通して資質・能力が育まれている幼児・園児・子どもの小学校就学時の具体的な姿」と規定されています。

この10の姿をどうとらえるかは非常に重要なことですが、その際、問題点を理解する、自分たちの「育ってほしい姿」を明確にし、保育に生かすという姿勢が重要です。はじめに、「幼児期の終わりまでに育ってほしい姿」が示されたことがもつ三つの問題性について述べます。

(1) 子どもの事実と別に設定されたこと

第一に、「幼児期の終わりまでに育ってほしい姿」は「与えられた」目標であるということです。各園が独自に保育目標を定めるのとは異なり、与えられる形で目標が設定されたことが大きな問題だと考えられます。

(2) 子どもの事実とかけ離れた内容であること

「幼児期の終わりまでに育ってほしい姿」は、子どもの実態に比べてあまりに「完成形」を早急に求める点に危険性が感じられます。「おとなでも難しいのでは?」という疑問がいろいろなところで聞かれました。ここに示された姿が「幼児期の終わり」の姿としてはあまりに早急で完成形であることは明白であり、子どもの事実とかけ離れた内容であると言わざるを得ません。

(3)「こうであるべき」へのとらわれが生まれる危険性があること

あまりに早急で完成形だからこそ、「こうであるべき」へのとらわれが生まれる危険性があると言えます。指針には、この10の姿は「幼児が身に付けていくことが望まれるものを抽出し、具体的な姿として整理したものであり、それぞれの項目が個別に取り出されて指導されるものではない」と明記されています。しかし、具体的で明確なため、「こうであるべき」「こうさせなければ」というとらわれが生まれやすいのです。

保育者自身が10の姿にとらわれ、「全員に達成させなければならない」と考えてしまうと、子どもたち一人ひとりを、10の姿に到達しているかどうか、「できたかできないか」という視点でとらえることに陥る危険性があります。そして、すべての子どもをこの10の姿に到達させなくてはと考え、子どもの思いや願い、実態や状況とは無関係に目標達成を強要・強制するような保育が行われる危険性が考えられます。

3、新保育所保育指針に表される子ども像

（1）めざされている方向性

「幼児期の終わりまでに育ってほしい姿」から見えるのは、「自己抑制の高い」人間像です。

「10の姿」にある「道徳性・規範意識の芽生え」には、「友達と様々な体験を重ねる中で、してよいことや悪いことが分かり、自分の行動を振り返ったり、友達の気持ちに共感したりし、相手の立場に立って行動するようになる。また、きまりを守る必要性が分かり、自分の気持ちを調整し、友達と折り合いを付けながら、きまりをつくったり、守ったりするようになる。」という文言があります。

このことは重要なことです。しかし、同時に、簡単に達成できることではありません。これが可能になるには、自分の思いと相手の思い・きまりとの間で葛藤したり、適切でない行動をして、批判されたり、気づいて修正するなどといった経験が必要です。こうした経験をくぐらずに気持ちを調整する力は育ちません。押しつけたり、言い聞かせたりして育つものではないからです。

にもかかわらず、おとなの言うことに従うことができる、自分の気持ちを抑えることができるなどといったことが一面的に要求されるとすれば、幼児期の健やかな発達や最善の利益に反する結果となるのです。

（2）「特別な教科道徳」新設との連動

今回の保育所保育指針では、「自立性」「協同性」「道徳性・規範意識の芽生え」が特に重視されています。その背景には、「いじめ」「不登校」「ニート」など若年層の状況や課題があるのは明らかです。だからこそ、「自分の力で行う」「諦めずにやり遂げる」「互いの思いや考えなどを共有する」「協力する」といったことが特に明記されているのです。

乳幼児期から、「自分の力で行う」「諦めずにやり遂げる」「互いの思いや考えなどを共有する」「協力する」子どもを育て、それを小学校以降の「特別な教科道徳」につなぐことで、より確固としてものにしようという意図は明白です。

4、私たちの保育をつくる――自分のことは自分で決める子どもに

先に述べたように、今回の保育所保育指針は、「自己抑制の高い」人間の育成に早期からとりくむという

ねらいをもっています。このことは、「自分の思いをしっかり出す」「思いのすれ違いや衝突をともに解決して仲間関係が育つ」ことを大切にしてきたこれまでの保育とは全く異なるものです。「自分のやりたいこと」「なりたい自分」を「自分で決める」ということをおびやかすのが「10の姿」の設定なのです。

だからこそ、子どもたちが主体として、「自分のことは自分で決める」「自分たちのことは自分たちで決める」ことを尊重し、その力を育てる保育を護り、育てていかなければなりません。「育ってほしい姿」をだれかから決められるのではなく、意思をもって活動にとりくみ、「育ちたい、なりたい」自分に向けて発達することが大切にされなければならないのです。乳児期から、意思がある、自ら働きかける力や感じとる・気づく力をもつ主体として、自分のことを自分で決めて育っていく子どもに育てる保育のあり方をみんなで考え合っていかなければなりません。

(1) 子どもの事実を語り合う

そのためには、目の前の子どもの事実について語り合うことが不可欠です。日々の保育の中で、子どもたちの育ちの姿が語られるとともに、保育者の悩み、困りごとを含めてみんなで話し合えることが大切なのです。

早く「期待される子ども」に近づけようとするのではなく、子どもの思いを尊重しながら、豊かな経験や関係をつくり出し、その先に豊かな育ち生まれてくるような保育は決して簡単には実現しません。だからこそ、子どもの事実について語り、そのための保育について語り合うことが欠かせないのです。

(2) これまでの保育を見直す

次に大切なことは、私たちがこれまで大切にしてきたことを見直し、その育ちの過程にある「大切にしたいこと」を明らかにして保育を考えることです。指針には保育の「結果」しか書かれていません。どのような保育によってそれが達成されていくのかについては明言されていないのです。そこで、本当に大切なのは、どんな経験を通して子どもが育っていくのか、その中で大切にしたいことは何かを明らかにすること、つまり保育の「過程」を明らかにすることです。

そのために、子どもたちの視点にたって、どんな経験こそが豊かな学びにつながるのか、そのためにはどんな過程（プロセス）が必要なのかを各園で話し合い、一見すると回り道や時間のかかることに思えることの中に、子どもたちが発達する契機が含まれていることを再認識していくことが必要なのです。

「育ってほしい姿」を子どもに押しつけるのではなく、楽しく夢中になれる活動、子ども自身が「こうなりたい」「こんな自分になりたい」と感じられる保育、あそびを通していろいろなことを感じ、発見して、自分の育ちに自信をもち、就学に期待をもつことができる子どもを育てる保育をみんなで考え、創り出すことが求められているのです。

新学習指導要領の何が問題か

山口　隆●大阪教育文化センター事務局長

はじめに

この原稿の執筆をはじめようとしていたときに、とんでもないニュースが飛び込んできた。大阪市の吉村市長は8月2日の会見で、大阪市の全国学テの結果が20政令市で2年連続最下位であったことを理由に、会見で示されたフリップによると「全国学テに係る数値目標を各学校で設定し、その達成結果を業績評価、校長戦略予算などに反映させることを検討」「業績達成の場合、例：人事評価への反映⇩勤勉手当増額、校長戦略予算増額など」「業績未達成の場合、例：人事評価への反映⇩勤勉手当減額、校長戦略予算減額など」として、教員のボーナスや学校予算に反映させると表明したのである。

本稿のテーマとは直接の関係はないと言えばないのだが、教育に対する権力支配という点では共通項を持つ問題であり、ひと言述べておきたい。

問題点は、以下の3点にあると考える。

第1は、子どもの成長・発達を保障するという教育のいとなみに真っ向から背き、子どもをモノ扱いする反教育的な主張である。

子どもの成長・発達は豊かなものであり、教職員は、一人ひとりの子どもの成長・発達を助けるため、全力をあげて教育活動をすすめている。吉村市長の主張は、子どもを数値でしかみないものであり、一人ひとりの子どもの成長・発達の保障という教育のいとなみの本質に背く暴論であり、許すことはできない。

第2は、子どもを教員評価や学校評価の手段とするものであり、邪道中の邪道である。

筆者は、大阪でいま行われている教職員評価や学校評価は、教育活動に必要な、教職員が力を合わせて教育活動にとりくむことを妨げ、教職員に分断を持ち込み、学校間競争と学校の格差づくりをすすめる重大な問題を持っており、反対であるが、それを横に置いたとしても、吉村市長の主張は、看過できない大問題を持つものである。彼の主張は、子どもの学テの結果＝教員・学校の評価というものであり、教員評価や学校評価の手段に子どもを使うというものである。これは、教育というものの何たるかを知らない無知のなせる業であり、およそ教育を口にする資格はないと言わなければならない。

第3は、教職員を侮辱する低劣な主張であるということである。

彼の主張は、目の前に金をぶらさげれば、教職員は喜んで働くという考え方である。教職員をバカにするのもいい加減にしてほしい。教職員は、長時間・過密労働のもとであるにもかかわらず、日々、子どものために、と懸命に教育活動を行っている。教職員の喜びは、ただひとえに子どもの成長・発達にある。この教職員の努力に冷水を浴びせ、教職員を侮辱する彼の主張は、人はカネの力で動くものだとする、自らの下卑た考えを露呈したものであり、人間としての低劣さを自ら告白する以外の何ものでもない。

彼は、この「案」を総合教育会議に諮るとしており、本稿が読者の目に触れる頃には、その結論が出ていると思われるが、仮に教育委員がこの「案」に異を唱えず了承するのならば、教育委員の資格を根本から問われると指摘しておきたい。

1、新学習指導要領のここが問題

(1) 究極のつめこみ―授業時数も教育内容も

第1は、授業時数も教育内容も究極といってよいつめこみになっていることである。

新学習指導要領は、授業時数を小学校3年生以上で年35時間（週1コマ）増加させた。その結果、小学校4年生の授業時数は、年間1015時間となった。この年間1015時間という授業時数は、学校6日制であった1989年学習指導要領と同様の授業時数であり、これを週5日制で実施することには、誰が見ても無理がある。また、この授業時数は、中学3年生と同じ授業時数であり、子どもの発達段階から見ても無謀といってよい。この授業時数増は、小学校中学年の「外国語活動」と高学年の教科としての「外国語」を新たにおいたためである。この小学校英語の問題については、次に述べることとする。
教育内容についても、いっそうのつめこみとなっている。現在、小学校で習得すべき漢字の数は、１００６文字とされているが、現場では、今でも教える漢字の数が多すぎるという声があがっている。にもかかわらず、新学習指導要領では、都道府県名を漢字で書けるようにという、理由にならない理由で、新たに20の漢字を増加させる。しかも、この都道府県の漢字は、すべて4年生で教えるとされたため、すべて4年生で増やされることとなる。増やされる漢字は、以下のとおりである。

茨、媛、岡、潟、岐、阜、熊、香、佐、埼、崎、滋、鹿、沖、縄、井、栃、奈、梨、阪

しかも、新学習指導要領の移行措置は、今年度から始まっているが、漢字は新しい配当表にもとづいてとされているので、今年4年生は、上記の漢字を覚えなければならなくなる。子どもたちの学習負担増は目に見えている。

(2) だれのための小学校英語か

（１）で述べたように、授業時数が増やされるのは「外国語」＝英語教育を小学校中学年から増やすためである。小学校3・4年生で行う「外国語活動」は、現在5・6年生で行っている内容とほぼ同じものを週1時間行うことになる。一方、小学校3年生では、日本語の表記の1つとしてのローマ字を国語で学習することになっている。子どもたちの中に、英語とローマ字の表記の混同がおこらないか、という問題がある。実際、すでに小学校1年生から英語教育を前倒し実施しているA市では、1年生でひらがなの「し」とアルファベットの（J）の混同が起こっているということが語られている。
小学校5・6年生は教科としての「外国語」＝英語を週2時間行うことになる。学習内容は、今中学1年生で習っている内容とほぼ同じであり、小学生にとっては、かなり難しい内容となっている。習得すべき単語数は６００語から７００語とされており、これは、現在の中学生が習得すべき単語の半分にあたる。中学校では、週4時間の英語の時間が配当されているが、小学校高学年は週2時間であり、学習密度は、中学校の英語よりも高くなることは明らかである。

この小学校英語の実施は、中学以上の英語学習にも大きな影響を与える。たとえば単語数でいえば、中学校卒業段階では、現在の1200語が2500語と倍増され、高校でも現在の2500語が4000〜5000語とこれもほぼ倍増される。

小学校英語についても移行措置が始まっており、中学年では年間15時間の「外国語活動」、高学年では、現在年間35時間の「外国語活動」に加え、教科としての「外国語」を15時間行えと指示されている。しかし、実態は、前倒しで行っている自治体も多く、そこでは、全面実施と同様、中学年で年間35時間、高学年で年間70時間の学習が強いられている実態となっている。

なぜ、このような英語教育の早期化が行われたのだろうか。そこには、教育的な検討は全くといっていいほどない。外国語教育の早期化のルーツは、2013年4月8日の自民党「教育再生実行本部」の「成長戦略に資するグローバル人材育成部会提言」にある。この提言では、以下のことが述べられている。「安倍内閣の掲げる経済再生には、人材養成が不可欠」「結果の平等主義から脱却し、トップを伸ばす戦略的人材育成」として、「グローバル人材育成のための3本の矢」＝①英語教育の抜本的改革、②イノベーションを生む理数教育の刷新、③国家戦略としてのICT教育、をあげ、「3本の矢を実現するための、「グローバル人材育成のための1兆円の集中投資」を掲げている。

しかも重大なことは、「グローバルに活躍する人材を年10万人養成」と書かれていることである。高校卒業生は年間約100万人いるにもかかわらず、グローバル人材は、その1割だけでよい、それ以外は切り捨ててよい、という考え方にたっていることである。

しかも安倍内閣は、この中身を2013年6月4日、閣議決定している。閣議決定では「小学校における英語教育実施学年の早期化、指導時間増、教科化、指導体制の在り方等や、中学校における英語による英語授業の実施について、検討を開始し、逐次必要な見直しを行う」と述べられている。

この政策の根底には、安倍内閣が掲げる「世界で一番企業が活躍しやすい国」づくりがある。つまり、財界の利潤追求に役立つ人材づくりのために、多くの子どもたちを切り捨てる政策と断ぜざるを得ない。

(3) カリキュラム・マネジメントによる学校教育支配

新学習指導要領では、初めて「カリキュラム・マネジメント」という言葉が登場した。詳述する紙幅がないので、結論的にいうと「新学習指導要領を押しつけるためのマネジメントを校長が中心になって行え」ということを意味する。学習指導要領が、学校運営にまで踏み込んで述べるのは、この新学習指導要領が初めてのことであり、教育課程の大綱的基準という学習指導要領の基本性格から大きく逸脱したものといわなければならない。また、「社会に開かれた教育課程の実現が重要」とも述べている。この言葉の意味するところは、「財界の利潤追求に役立つ人材育成のための企業に開かれた教育課程」というものである。

これらは、上記してきたような、重大な問題点を持つ新学習指導要領を、問答無用で学校に押しつけようというねらいを持ったものにほかならない。

(4) 道徳の教科化がもたらすもの

道徳の教科化は、新学習指導要領に先立って、今年度から小学校で全面実施されている。これについても詳述する紙幅がないが、一言述べておきたい。

道徳の教科化のねらいは、第1に「愛国心」押しつけであり、第2に、「権力に対する服従」である。具体的に教材について述べることはできないが、道徳の教科化も安倍「教育再生」が震源地である。

道徳の教科化のおおもとは、安倍首相の私的諮問機関である教育再生実行会議が、2013年2月26日に出した第1次提言「いじめの問題等への対応について」で「道徳を新たな枠組みによって教科化し、人間性に深く迫る教育を行う」と述べたことに端を発している。これを受け、中教審が、2014年10月21日に答申を出し、文部科学省が2015年3月、道徳の特別の教科化についての改訂学習指導要領を官報告示したという経過である。

安倍政権は、2014年7月1日に、それまでの政府の憲法解釈を180度転換させ、憲法9条のもとでも集団的自衛権の行使が可能という閣議決定をおこなった。そして、2015年9月には、安保法制=戦争法を強行した。この動きと照らし合わせたときに、道徳の教科化は、『戦争する国』の人づくり」のために行われたことは明白である。

政治の力で教育をゆがめる動きを

許すことはできない。

2、私たちの対抗軸――新学習指導要領に負けない教育活動、教育実践を

以上見てきたように、新学習指導要領は子どもと教育を困難にする重大な問題点を持つものである。しかし、新学習指導要領の移行措置は始まったが、全面実施は2020年であり、この移行措置期間に、矛盾は広がるに違いない。全面実施までの期間に、新学習指導要領の問題点を父母・国民に広く知らせ、新学習指導要領は抜本見直しをという世論と運動を広げることが求められている。

また、見てきたように、新学習指導要領をはじめとする安倍「教育再生」の特徴は、「子ども不在」にあるといえる。子ども不在の教育政策に対しては、「はじめに子どもありき」で対抗することが重要であると考える。教育のいとなみの本質は、子どもの成長・発達を助けることにあり、それ以外の何ものにも左右されてはならないというものであり、現場教職員には、この立場から教育活動をすすめることが求められている。

さらには、教育課程の民主的編成のとりくみを、学校を舞台に、父母と教職員が力をあわせてとりくむことが、何としても必要であると考える。教育は国民的事業であり、行政権力のものではない。政治の力で教育をゆがめる動きを許さず、子どもの成長・発達のための教育へ、父母・国民、教職員が力をあわせることが、今ほど求められているときはない。

おわりに

大変問題のある新学習指導要領であるが、現場での努力はすでに始まっている。目の前の子どもたちのために一生懸命努力している姿が、大阪教育文化センターの研究会に参加してきている、とりわけ若い教職員に見られる。そうした教職員に共通しているのは、学習指導要領があるから教育活動をすすめているのではない、そこに子どもがいるから教育活動をすすめているのだ、という確信である。私たちには、そんな教職員の努力を励ますことが求められているだろう。

力をあわせて、子どものすこやかな成長をはぐくもうということを呼びかけて、結びとしたい。

【書評】

日本学童保育学会編『現代日本の学童保育』（旬報社、2012年）

評者：西垣　美穂子・明星大学

日本学童保育学会は研究者と学童保育指導員の協働によって2010年6月に設立された。学会の設立は「その対象に対する研究・分析の方法がある程度確立した」からこそ成立したものであり、本書は学童保育を研究対象にした方法論上の試論集と位置づけられている。

本書は二部構成で9つの章と2つの補論から編成されている。第Ⅰ部は4章で、「現代社会と学童保育」をテーマに、福祉国家、現代の日本社会、地域社会、生存権保障、社会福祉、文化、制度等のわが国の学童保育を取り巻く課題、その基盤となる権利や社会のあり方などについて論じられている。第Ⅱ部は「学童保育のなかの子どもと指導員」をテーマに5つの章と2つの補論でまとめられている。学童保育における教育的機能、実践の特質、学童指導員の労働実践とその専門性、学齢期の子どもの発達過程と教育指導、障がいのある子どもたちの放課後保障、補論として東日本大震災の被災地の状況から学童保育研究への示唆や、義務教育からの学童保育論に至るまで、多岐に渡っている。学童保育に関わる研究はある程度の蓄積はあるものの、ここまで網羅的にまとめられたものは、本書が初めてであろう。

筆者は、保育や社会福祉の研究を主に行っていることと字数の関係上、本書の全体に触れることは難しい。筆者の専門分野及び関心に絞って論じることをお許しいただきたい。

第一に二宮厚美氏の「福祉国家における学童保育の発展」である。学童保育を福祉国家視点から捉えなおす必要があるとした二宮氏は、学童保育が福祉国家的制度の一環として発展する内容・課題を確認し、新自由主義が攻撃する福祉国家と学童保育の結節点と将来の制度のあり方を考えることを強調している。学童保育は児童福祉法上に位置づけられており、学校教育とは異なる「遊びと生活」を通じた発達の場である。しかし2011年の橋下徹大阪市政による学童保育潰しを例に、バウチャー制度や営利産業の学童保育への進出（市場化）と学校化が、学童保育を解体する方向へとシフトし、子どもたちの居場所づくりやケアの場を奪っていると述べている。

第二に石原剛志氏の「子どもの生存権保障としての学童保育」である。「福祉」としての側面から学童保育を捉えた石原氏は、実際の貧困家庭の子どもたちを制度の貧困さのためにケアできず、多くの子どもたちが排除される危険性について、その実態をもとに問題提起を行っている。排除される子どもの姿は見えにくく、その要因として子どもの放課後や学校休業日の生活が「自助」を基本としているため、保護者の自己責任の問題に集約されてしまうことを指摘している。また、本来国、自治体が児童福祉法の「保育に欠ける」条項を守らなければならないにもかかわらず空文化しており、貧困家庭を排除する実態につながっている。まずは子ども自身の権利として「生存権」を位置づけ、「家の中の私法上の問題」から、公的保障の課題へとシフトすることの重要性を述べている。

第三に、奥野隆一氏と中山芳一氏の「指導員労働の実践と専門性」である。この章は2000年に設立された「学童保育指導員専門性研究会」の研究成果をもとにしているという。それによれば指導員の業務は、「『遊び・文化活動の指導』から構成」されており、それを行うために「子どもの関係の指導」を行いながら「保育を支える準備」をしていることが明らかとなった。また、発達障害、愛着障害を持つ子どもたち、生活面で課題や困難を抱える家族の子どもたちが学童保育の入所児童の中で増えており、指導員は新たな専門性（知識・ソーシャルワークする力）が必要となっていることを指摘している。それは家族支援を行うことと、その家族が住む地域社会の立て直しである。家族支援や地域の子どもに関わる組織をコーディネートする役割を担うことで、指導員が「子育て文化の創造者」としての新たな専門性を発揮し「子どもの生活世界を立て直す」ことができると述べている。

子どもや保護者、指導員を取り巻くこの国の現実は厳しいものだ。また保育所に関わる近年の制度改正でも教育か養護（福祉）か……と二項対立で施設の役割が語られがちであるが、現場ではその両方が行われている。本書ではその両者をつなぎ、子どもに寄り添いながら豊かな実践を紡ぐ学童保育の在り様が示されていた。そして学童保育の持つ可能性、魅力とともに、真摯に研究・実践に取り組まれてきた執筆者の皆さんに心から敬意を表したい。

7）移管の背景には、子どもの社会的疎外の排除及び子どもを巡る諸問題への早期介入の重要性に対する認識が高まり、若年齢期の保育教育サービスの体系化が進められる中で、朝・放課後活動もその一部として位置付けて整備が進められた経緯がある。出典：渡辺あや：第４章 フィンランド―社会的包摂の一翼を担う学童保育―,池本美香編著『子どもの放課後を考える―諸外国との比較でみる学童保育問題』所収、pp73-89,勁草書房，2009
8）Etelalahti,Aulikki, 2005,Before and after-school activities in Finland ENSAC 2005
9）https://www.oph.fi/download/166755_teachers_in_finland_statistical_brochure.pdf
10）以前は、大学修了レベル、あるいは学位がなくても実務研修を受けることで指導員となることができたが、朝・放課後活動の質を確保するため職業訓練校での修了証明書の取得が必須となっている。
11）職業訓練校のHP：https://www.omnia.fi/hae-oppimaan/ammatilliset-koulutukset/ammattitutkinto/koulunkaynnin-ja-aamu-ja-iltapaivatoiminnan
12）レイッキプイスト は100年以上の歴史を持つ。当時、家に籠って運動不足になりがちであった自宅で子育て中の親子を対象に、体育教師らが広場で体操プログラムを行ったのが始まりである（1904年）。当時は４歳以上の幼児を対象としていたが、対象者を拡大や屋内施設の設置等、利用者のニーズに合わせて発展してきた。

（写真１）レイッキプイスト外観

（写真２）夏休み中の昼食の提供

(36.1€/月、2018年)。フィンランドは基本的に個人の意思・選択が尊重される個人主義の国だが、登録児童が集まって話し合い、やりたい子がみんなで遊びの計画を立てることもある。週末には、屋外空間は市営公園として普段と同様に使用され、屋内施設は閉まっているが、事前申し込みをすれば有償で屋内施設を借用でき、子どもたちの誕生会等に使われている。また２ヶ月以上ある夏季休暇中は16歳までの子どもにスープ等の昼食を提供するレイッキプイストもあり、働く親にとって大助かりのサービスだ（写真２）。このように、レイッキプイストは、都市にありながら誰でも利用できる魅力的な地域の遊び場であり、子育て家族と小学生に安全な遊び環境と活動を提供するだけでなく、親同士がつながれるきっかけも提供する交流拠点となっている。

【注釈・参考文献】

１）ヘルシンキ日本語補習校を利用する5家庭7名を対象にしたインタビュー調査。2017年12月～2018年１月に実施。
２）https://www.localfinland.fi/expert-services/finnish-municipalities-and-regions
３）https://www.stat.fi/til/tyti/2018/06/tyti_2018_06_2018-07-24_tau_001_fi.html 2018月６月時点の労働力率（15～64歳）は男性77.0%、女性74.1%、失業率（15～74歳）は男性6.9%、女性6.5%であり、男女差が少ない。
４）ネウボラについては以下が詳しい。出典：高橋睦子『ネウボラ　フィンランドの出産・子育て支援』かもがわ出版,2015
５）https://www.oph.fi/download/146428_Finnish_Education_in_a_Nutshell.pdf
６）教育文化省のHP：https://minedu.fi/en/before-and-after-school-activities

図表２　「朝・放課後活動」ガイドライン（基礎教育法48条、2003改正）

（目的）朝・放課後活動の目的は、①家庭・学校の教育活動の支援及び子どもの情緒面・倫理的発達の支援、②子どもの福利と社会的平等性の促進、社会的疎外の排除と社会的包摂の促進、③多様な余暇活動に参加する機会の提供、及び職務に相応しい適任者の見守りの下、落ち着いた環境の中でくつろぎ、休息できることである。

（ガイドライン）ガイドラインに示された朝・放課後活動の目標と主な活動内容については国家教育委員会（Opetushallitus/National Board of Education）が定める。ガイドラインについては国家教育委員会が国立研究開発センター（STAKES：2003年当時）と協力して定める。

（条件・範囲）基礎自治体は、朝・放課後活動を提供または購入できる。基礎自治体単独または複数自治体が共同で提供する、または公共・民間のサービスプロバイダから購入でき、基礎自治体がサービスプロバイダに補助金を配分し、サービスを取得する。

（対象）基礎学校１・２年生、及び基礎自治体が決定した特別な支援が必要な児童。

（申請手続き）朝・放課後活動の申請は基礎自治体が決定する。基礎自治体は、朝・放課後活動の実施場所、開始・終了時間、申込方法に関する情報を提供し、選定基準に関しては全ての児童に等しく適用されなければならない。

（活動日・時間）平日は７時から17時までの時間帯に年間570時間提供するものとする。事業計画者は、家庭及びサービスプロバイダと協力して活動計画を作成しなければならない。基礎自治体は行動計画に合わせなければならない。行動計画の内容に関する更なる規定は政府令に示す。

（評価）本指針に定められた目的を達成するために、基礎自治体は朝・放課後活動を評価しなければならない。外部評価にも参加しなければならない。評価の結果は公表される。

（安全な活動環境と学校給付の権利）参加児童は安全な活動環境の中で過ごす権利がある。参加児童には軽食を提供しなければならない。朝・放課後活動中の事故によるケアは無償とする。

（職員）体制にあった十分な職員数がいなければならない。職員資格は法令で定める。

（利用料）基礎自治体は利用料を徴収する。月額利用料は基礎自治体が決定し、570時間（３時間／日）で最大60€、760時間（４時間／日）で最大80€である。実施回数が月10日以下の場合、規定の利用料の半額となる。同様に、病気のため参加日数が10日以下の場合も半額となる。病欠が１ヶ月以上続く場合、利用料を徴収しない。また、何らかの理由で不参加の場合も半額とする。家庭状況等に応じて減免される。

人数規模に関する基準はなく、規定には「運営に適した職員数を確保すること」と示される程度である。参考までに、国が定める学校教育の１クラス当たりの人数規模の基準はなく、実際の小学生（１～６年生）の１クラス当たりの人数も平均20人程度[9]であり、学校内の朝・放課後活動に参加する児童数が日本のように大人数になることはごく稀である。

指導員の資格要件と養成

フィンランドでも日本と同様に、近年職員の質的要件が定められ、職業教育機関において所定の学習・訓練を受ける必要がある[10]。職業訓練校（ammattikoulu/vocational school）における指導員養成カリキュラム[11]をみると、義務教育修了者は週25時間の講義及び実習の履修が必要で、３年の期間を要する。大学等を卒業した後に学び直す場合、関連科目を履修済であれば免除される。必修の内容は、子どもの成長・発達支援や指導に関する科目、学習及び活動に関する支援・指導に関する科目、学習障害・発達障害等を含む特別な支援を要する児童への指導に関する科目に加え、週単位で実施される２度の短期実習及び３ヶ月単位の長期実習が含まれる。

「レイッキプイスト」

レイッキプイスト[12]とはplaygroundと英訳され、児童公園を意味する。ヘルシンキ市が管理する公園・緑地のうち、職員が常駐する屋内施設付きの児童公園が68か所あり、職員が子どもの遊び活動を見守ってくれる。屋外空間には大小様々な遊具、小プール、砂場やグラウンド等があり、冬季はプールやグラウンドに散水して凍結させ、アイスホッケーリンクにする（写真１）。屋内施設には、キッチン、工作室、本やおもちゃのあるリビングのような空間、トイレ、防寒着の着脱・収納のためのロッカースペース、スタッフルーム等があり、ソファなどの家具やラグも敷かれ、静かにくつろげる空間となっている。平日は９時から17時までの７～８時間の間、職員が３～５名程度いて、午前中には乳幼児向けのリトミック体操や父親家庭・移民家庭向けのプログラム等が行われ、職員に子育て相談もできる。キッチンでは、持参した昼食を電子レンジで温めたり、コーヒー（0.5€）も飲める。午後からは学校帰りの小学生がやってきて屋内外で過ごし、事前登録した低学年児童には有償でおやつが提供される

「朝・放課後活動」

フィンランドの学童保育は「朝・放課後事業」と呼ばれ、基礎教育法に規定がある。教育文化省[6)]によれば、朝・放課後活動は始業前と放課後の時間帯に行われる授業外活動であり、総合学校（peruskoulu/comprehensive school）の１・２年生（７・８歳）及び特別な支援を要する１～９年生（７～15歳）が対象である。朝・放課後活動の実施を含む、運営に関わる全ての決定権限は基礎自治体にあり、国から基礎自治体へ予算が配分される。子どもは自身の自由意思に基づき活動に参加するものである。活動場所は、学校や児童公園、就学前教育施設、学校近辺の地域施設等であり、筆者が訪問した朝・放課後活動の拠点空間は、学校内の１室にミニキッチン、ソファ、ぬいぐるみ等が備えられ、ゆったりとくつろげる空間づくりがされていた。市に雇用された職員数名が子ども達の活動を見守り、朝・午後の軽食には、学校のカフェテリアが利用され、曜日毎に図書室、体育館等の学校施設を使用し、20名前後の子どもがコンピュータ室で過ごしていた。

朝・放課後活動の経緯と最低基準

渡邊によれば、朝・放課後活動のルーツは1958年、青少年クラブ活動が学校と連携して提供されることが国民学校令（Kansakouluasetus）に規定されてからである。以降、青少年クラブ活動から学童保育サービスへと発展し、朝・放課後活動の制度化（2003）を転機に社会福祉部門から教育部門へ移管した[7)]。

図表２は、基礎教育法（Perusopetuslaki/Besic Education Act, 2003）に規定された朝・放課後活動の指針（ガイドライン）である。この指針には、朝・放課後活動の目的、ガイドライン、運営、対象児童、活動時間、評価、職員、利用料についての運営指針と最低基準が示されている。国主導で基盤整備を行うことで、①朝・放課後活動の職務及び責任の所在の明確化、②財政基盤の保障、③活動目的・内容の定義、④指導員資格の明示化、⑤活動の質の担保を試みている[8)]。基礎自治体の責任が明示されていること、指針に照らして適切に運営されているかを第三機関が調査・評価する仕組みがあること、調査結果に対する対応や年次報告書に不備があれば、学校・現場が責任を負う仕組みがあることが、活動全体の質の確保に貢献していると思われる。また、子どもの

置づく就学前教育（esikoulu/preschool）を受け、７歳から９年間の基礎教育が開始する[5)]。

共働き家庭の小中学生の生活

フィンランドの朝は早く、一般的な就業時間は８時から16時である。学校の始業時間も、学校や時間割によるが、概ね８時過ぎから９時に始まる。低学年の場合、１日３～４限授業で、10時半頃に早い昼食を食べ、12時過ぎには学校が終わる。その後、「放課後活動」に参加する子、帰宅して自宅や友達の家で過ごす子、公園や図書館等の地域施設で過ごす子、クラブ活動・習い事に参加する子等に大別できる。

図表１・事例Ａは放課後活動にほぼ毎日参加する小２男子のケースである。母が自宅で仕事をしているため、授業が終わるとそのまま学校内の放課後活動に参加し、調査日は映画鑑賞して16時まで学校で過ごした。放課後活動から帰宅した後も、自宅前の公園で近隣の友達と遊んだり、自宅で携帯ゲームをして過ごす。冬季の16時は既に日没して暗いが、親は自宅前の公園には子ども1人でも雪遊びに行かせていて、18時に夕食を食べ始め、21時には就寝する。

３年生以上になると授業時数が増えるが、遅くとも14時過ぎには学校が終わる。日本と異なるのは、フィンランドには進学塾や学校の課外活動である部活動がないことだ。その代わりに自治体、親の組織、教会といった公共・民間組織が主催するクラブが用意され、ほぼ毎日クラブ活動に参加する子もいる。図表１・事例Ｂは週２～３日は運動系クラブ（フロアボール）、週１～２日は音楽系クラブ（ホルン・オーケストラ）に地下鉄を乗りこなして参加し、充実した余暇生活を送る。一方、クラブ活動のない日は、自宅で友達と宿題をしたり、インターネットゲームをしたり、広場でサッカーをして過ごしている。

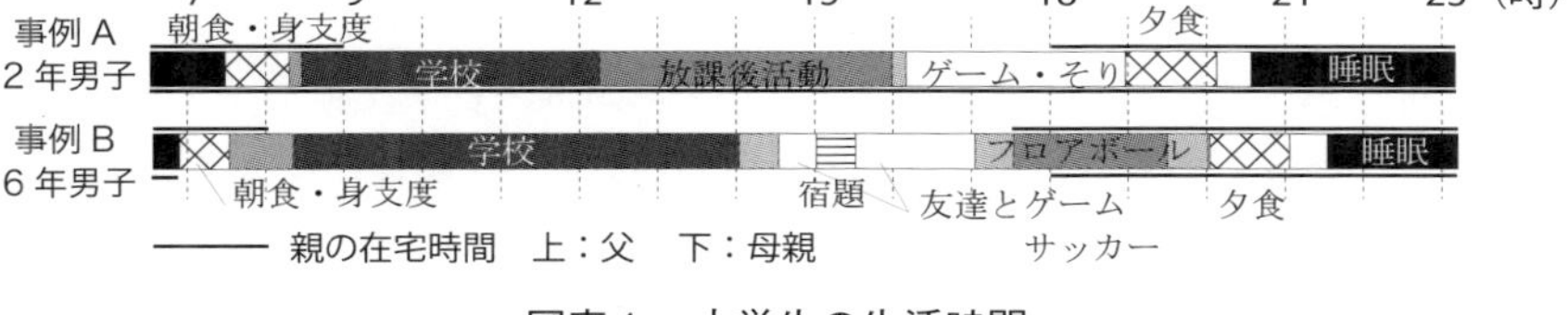

図表１　小学生の生活時間

フィンランドの子どもの居場所と放課後施策

塚田由佳里●仙台高等専門学校総合工学科建築デザインコース・助教

はじめに

本稿では、北欧・フィンランドにおける小学生の生活と放課後施策について紹介する。まず、筆者がフィンランド留学時に実施した共働き家庭の生活時間調査1）から、小学生の放課後の生活像を報告する。次に、フィンランドの放課後施策のうち、国レベルの学童保育に相当する「朝・放課後活動」（aamu-ja-iltapäivätoiminta/morning-and-afternoon activities）と、首都ヘルシンキ市独自の児童公園で、児童館の役割を果たしている「レイッキプイスト」（leikkipuisto/playground）を取り上げ、それぞれの制度と内容について概観する。

なお、前提として、フィンランドは日本と同程度の国土面積に、わずか550万人が暮らす小国であり、基礎自治体の過半数が人口6,000人に満たない点に留意していただきたい2）。また、資源の少ないフィンランドでは、人が国の財産であり、人を育てる教育こそが重要な役割を果たすと考えられている。育児と仕事を両立できる社会システムが構築され、男女に関係なく働き3）、高い税負担の代わりに生活に必要な社会サービスを受けることができる。問題・リスクの早期発見・予防に重点を置き、妊娠期からの継続的な子育て・子育ち・家族支援システムである「ネウボラ」4）を筆頭に、社会全体で子どもを育てる仕組みとなっている。出産・育児休暇後の幼児教育・保育は統合されており、家庭状況に応じて公共・民間施設でのディケア、家庭での小規模なディケア、自宅でのケア等の形態から選択する。6歳になると、学校教育の準備段階に位

【出版・会報】
○『学童保育研究18号』
特集は「学びの専門性」。指導員が専門職として学び続けることと実践研究を通した指導員の専門性の向上をさせていく取り組みの重要性が語られた。指導員自らが学びながら子どもと向き合っていき、学び続けながら学童保育指導員になるといった体験を執筆してもらった。「『学童保育士』資格者取得の意義」について掲載。
○会報
・18号（2017/12/25）巻頭言「国家を支える“よい子”」垣内国光氏、実践記録「女子の関係をどうとらえ、どこまで関わっていくのか」中川未知氏（山形県指導員）、国の動向「第３回放課後児童対策に関する専門委員会」傍聴して、「地方分権改革にかかわる動き」「生活のひとこま」を掲載。
・19号（2018/４/10）巻頭言「遊びに関連して体感的な所感」森山民雄氏（神奈川支部）、第13回学童保育指導員専門性研究大会特集、2018年度総会報告
・20号（2018/６/25）巻頭言「実践記録を検討する文化を継承する」松田洋介氏（金沢大学）、実践記録「オレ、リーダーしてみたい」木村ゆき子（大阪府指導員）、国の動向「社会保障審議会中間まとめ案」内閣府の動向を掲載。

【「学童保育士・基礎資格」・「学童保育士」資格認定事業】

2017年10月１日「学童保育士・基礎」大阪会場開催。2018年７月[学童保育士・基礎]大阪会場終了。


【日本学童保育学会との連携】

日本学童保育学会事務局に前田美子事務局長が参加。

2018年６月23日（土）24日（日）明星大学で開催。課題研究1「学童保育の源流を探る」で「大阪における学童保育づくり運動の成立と発展―共同学童保育の思想と実践―」を前田事務局長が報告。課題研究Ⅱ「インクルーシブ教育と学童保育実践」では、理事である堀江恵理子氏が同僚の三井悟氏とともに実践報告をした。自由研究発表に、協会で事務局を担当している札内敏朗指導員が発表した。

究者とともに継続的に研究会を開催している。公開実践研究会は広島で会員が中心になって年一回開催している。2018年度は三重で３回開催した。調査・研究会は奥野隆一氏（大阪保育研究所）、松本歩子氏（平安女学院大学）の協力を得ながら取り組んでいる。また、子ども子育て支援新制度の実施に伴い、都道府県による「放課後児童支援員」の認定研修が始まるなかで、「学童保育指導員資格研究会」＝奥野隆一氏（大阪保育研究所）松本歩子氏（平安女学院大学）代田盛一郎氏（大阪健康福祉短期大学）で「放課後児童支援員資格認定研修受講者アンケート」を実施し、学童保育指導員の資格のあり方についてさらに研究会で深め、2018年６月に開催された日本学童保育学会で松本歩子氏（平安女学院大学）が自由研究発表をした。


【支部活動】

北海道支部・神奈川支部・石川支部・京都支部・滋賀支部・大阪支部・兵庫支部・九州支部・三重支部で確立。各支部とも会員を中心に実践レポートで実践分析や学習交流や学童保育研究の合評会、講師を招いての学習会と積極的に活動をしている。北海道支部は「学童保育士・基礎」資格認定講座事業の開催後、「学童保育士」の認定講座（２年間）を開催。神奈川支部は「学童保育士・基礎」資格認定事業を開催。


【第13回学童保育専門性研究大会】

2018年１月21日佛教大学で開催。全体会はシンポジウム「学童保育における遊びを考える」をテーマに開催した。学童保育の生活づくりの基本である遊びについて３人のシンポジスト鍋倉功氏（福岡県指導員）、四方則行氏（京都府元指導員）、代田盛一郎氏（大阪健康福祉短大）から報告、二宮衆一氏（和歌山大）がコーディネーターとして議論をした。

シンポジストからは「学童保育での遊びは、子ども自身が自らの得手・不得手を知り、仲間とともに自分を見つけていく」「遊びは仲間を知り、共に楽しく遊ぶ喜びを知ることができる」など指導員とともに子どもが自ら遊びを創り出していく面白さなど語られた。代田氏からは仲間・時間・空間という三間から遊びが奪われ、また、遊びがプログラム化され商品化の流れが出てきているもとで専門職である指導員の役割の重要性が強調された。コーディネーターの二宮氏からは学童保育での遊びを導入している理由やどのように指導員は遊びの内容を広げ、深めているのか明らかにする中で学童保育における遊びの共通点を深めていくことが必要ではないかと問題提起された。そして「学童保育の生活と遊び」の関連性も明らかにしていく課題も出てきた。

午後は、①学童保育の生活と遊び②学童保育における子育て・家族支援③障害のある子どもの学童保育の生活づくり④学童保育の生活と集団づくり⑤指導員の職員集団とチームワーク⑥「高学年と学童保育の生活」に分かれて討議を深めた。

一般社団法人日本学童保育士協会活動報告（2017年９月～2018年８月）

【理事会】

○〈2017年度〉第４回理事会（11/12）（一財）大阪保育運動センター
・「放課後児童クラブ運営指針」学習会。
・2018年度総会に向けた議論、第14回学童保育指導員専門性研究大会の企画・内容について。
○〈2018年度〉第1回理事会（１/20）京都キャンパスプラザ
・代表理事に引き続き二宮衆一氏（和歌山大学）、事務局長前田美子を選出した。
○〈2018年度〉第2回理事会（３/25）（一財）大阪保育運動センター
・第7回社会保障審議会放課後児童部会の動向、
・2018年度総会後、事業計画の具体化を議論。第13回学童保育指導員専門性研究大会のまとめ、2018年度「学童保育士・基礎」大阪会場を事務局が担当し開催することを決定。放課後児童支援員の認定研修受講者を対象に500人規模でアンケート実施。
・各研究会の実施状況。

○毎月第１月曜日は事務局会議を開催し、日常的な活動・業務について議論しながら推進している。

【社員総会】

2018年1月20日（土）キャンパスプラザ京都で開催。定款に基づき、社員総会は社員の過半数で成立した。当日までの委任状と参加者で社員489人（2017/11/30現在）中250人（委任219人・当日出席31人）の参加で過半数以上で成立。総会は指導員資格認定事業、第13回学童保育指導員専門性研究大会等の事業報告・決算報告、事業計画では「学童保育士・基礎」資格認定事業のテキストを特定非営利活動法人学童保育協会（代表理事・楠凡之氏）とともに作成すること・予算等決定した。総会前（１/20）恒例の支部交流会を開催した。８支部（北海道・石川・神奈川・滋賀・京都・三重・大阪・兵庫）が一年間の公開実践研究会、会員交流会等々活発に交流を深めた。新たに広島支部が確立したことも報告された。

【調査・研究活動】

・「子どもの発達と遊び研究会」＝代田盛一郎氏（大阪健康福祉短大）・「学童保育における生活と集団づくり研究会」＝船越勝氏（和歌山大学）・「学童保育における障害児保育研究会」＝中村隆一氏（立命館大学）・田村和宏氏（立命館大学）・「学童保育における家族・子育て支援研究会」＝伊部恭子氏（佛教大学）・2014年度から発足した「指導員のチームワーク研究会」＝長瀬美子氏（大阪大谷大学）を開催して、研

編集後記

本号発刊に向けた入稿・編集作業大詰めの中、厚生労働省と文部科学省との共同で策定された「新・放課後子ども総合プラン」が公表された。

１９６０年代に大阪の地で産声をあげた学童保育にとって、今回の「新プラン」の策定は、一体いくつめの節目になるのだろうか。

＊　＊　＊

節といえば竹。思い当たる節としての竹。

一説によれば、竹の節(node)は、その「軽さ」と「強さ」にとって大きな役割を果たしているのだそうだ。つまり、中空構造という「軽さ」に、自重や強風、雪の重みに耐えうる「強さ」が節によって「自律的に」形成されているのだという。

＊　＊　＊

様々な局面や状況にしなやかに対応できる「軽さ」、人々とその暮らしをしっかりと支え続ける「強さ」。

今回の「新プラン」が学童保育にとって「軽さ」と「強さ」をもたらすものとなるのかどうか。しっかりと注視しておきたい。

＊　＊　＊

天が泣き、地が揺れる中、各地で子どもたちの「当たり前」が奪われた。

ライフラインの復旧に次いで、あるいはそれと同時に子どもたちにとっての「当たり前」――生活と遊びの場を保障しようと奮闘する人々がいる。

＊　＊　＊

生きていく上で「当たり前」としての権利、そしてそれを護る営み。

図らずも本号は、その2つがひとつながりであることを示す一冊となったのではないか。読者各位はどう読まれただろうか。

次号は通算20号となる。本誌にとって「軽く」「強く」をもたらす節目としたい。


［参考］“Self-adaptive formation of uneven node spacings in wild bamboo” by Hiroyuki Shima, Motohiro Sato, and Akio Inoue Physical Review E 93, 022406 (2016)

（代田盛一郎）

学童保育研究　第一九号
二〇一八年一一月一〇日発行
定価・本体・一五〇〇円
編集・発行
一般社団法人 日本学童保育士協会
編集長　代田盛一郎
（年一回発行）
大阪市中央区谷町七丁目
二―二―二〇二
㈶大阪保育運動センター内
（〒五四二―〇〇一二）
gakudouhoikushi.com
電話　〇六（六七六二）八九一一
FAX〇六（六七六三）三五九三
振替口座　00910-1-172303
発売
株式会社　かもがわ出版
京都市上京区堀川出水西入
（〒六〇二―八一一九）
電話　〇七五（四三二）二八六八
FAX〇七五（四三二）二八六九

ISBN978-4-7803-0988-1 C0336